Библиотека СКЛАД

Уредник
СИМОН СИМОНОВИЋ

Ликовна опрема
МИЛАН МИЛЕТИЋ

Издавачко предузеће *Рад*, Београд, Дечанска 12; главни уредник *Новица Тадић;* за издавача *Симон Симоновић;* лектура и коректура *Мирослава Стојковић;* штампа *Елвод-принт*, Лазаревац

Џон Спаркс

Сексуална веза

Парење на дивљи начин

РАД • БЕОГРАД, 2001.

Изворник

John Sparks
THE SEXUAL CONNECTION
Mating the Wild Way
Sphere Books Limited, London

С енглеског превео
Бранко Петровић

САДРЖАЈ

ПРЕДГОВОР СРПСКОМ ИЗДАЊУ

Сексуална револуција из, сада се већ, далеке, прве полови-
не прошлог 20. века, не само да је одрешила спутавано јавно за-
нимање за полну природу човека, већ је на светлост дана изне-
ла и гомилу питања о његовој биолошкој суштини. Изузетност
човека, уосталом као и сваке друге органске врсте, може се ут-
врдити само поређењем са осталим живим бићима. На плану
секса, ова књига се баш тиме бави.

Разноврсност стратегија полног општења животиња и одго-
варајућег прибора прави је сексуални биодиверзитет. Иако нам
нека решења могу деловати бизарно, или фантастично машто-
вито, полна разноврсност животиња само је једно од лица за-
дивљујуће еволуције, непоновљивог процеса захваљујући којем
је живот успео да се одржи на овој планети упркос узастопним
променама спољних утицаја, као и да насели сваки педаљ зем-
ље и сваку кап океана.

И писцу и затим преводиоцу ове књиге проблем су били тон
и терминологија*. О сексу се обично пише на два начина: пре-
озбиљно-стручно-суBoparno или скаредно-порнографски. Прво
је досадно, а друго или вређа добар укус или занима претежно
пубертетлије. Чињеница је да се у већини језика нерадо ко-
ристе свакодневно употребљиви називи за основне појмове ве-
зане за секс (па чак ни за њега самог), већ се користе стручни
грчко-латински називи или конвенционални еуфемизми и суп-
ституције. Сећам се једног шаљивог предлога да, ако се већ ка-
же *уд*, онај орган другог пола треба да се зове *удица!* Писац је
слично поступио, и од овог проблема побегао, чини ми се врло

---

* У оригиналу је наведен велики број животињских врста за које не
постоје стандардни српски називи, а те врсте, обично прекоморске,
нису познате ни у народу. У таквим случајевима, где год је било могу-
ће, опредељивали смо се за оне називе које су већ исковали претходни
преводиоци класичних популарних књига и филмова о животињама.
То су обично, више или мање срећно нађени еквиваленти енглеских
(најчешће) стандардних имена животиња, понекад незграпне сложени-
це и цели мали описи, кроатизми или посрбљене стране речи. Горе би
вероватно било само изнова крштавати непознате животиње и тако
повећати збрку која већ постоји у неким речницима и приручницима.
Књига о сексу сигурно није место за поправљање номенклатуре.

спретно, у хумор. Са те дистанце, могао је да пусти у књигу и ограничен број именица и глагола који обично немају приступ у стручно-популарну литературу и да, како се то каже, неке ствари назове онако како се оне изговарају тамо где се уопште помињу.

Слично је и са нашим занимањем за *животињски секс*. Јавно признати да нас страшно интересује к а к о т о р а д е д р у г и, а поготово животиње, није за сваког једноставно. Писац ове књиге, Џон Спаркс радио је дуго у лондонском зоолошком врту и тамо и у природи посматрао животиње и вирио у њихове спаваће собе, али му није промакла ни природа знатижеље двоножних посетилаца зоолошких вртова. Многи научници су се бавили парењем животиња објективно проучавајући њихову репродукцију. Џон Спаркс нам говори да нас *коūулација* животиња занима и субјективно и да смо притом веома заинтересовани за упоређивање са собом, као и да тада нисмо обавезно равнодушни. Недавно сам чуо виц из зоолошког врта, који то илуструје.

– Мама, шта је оно слону?
– Које?
– Оно дугачко, што виси?
– ... Сурла.
– Ма не, оно позади!
– То, то је – реп!
– Мама! Знам шта је реп! Оно друго, оно ј а к о дугачко!
– Ах, то!? То овај, то није н и ш т а!
– То ништа?? – не одоле господин који је случајно чуо разговор – Госпођо, госпођо, ал' су Вас р а з м а з и л и!

У сваком случају *Сексуална веза* је прва компаративна сексологија људи и животиња преведена на српски. Само привидно необавезно, дело води читаоца на пут кроз целокупно животињско царство, од најнижих бескичмењака до сексуално супериорног хомосапијенса, и обрнуто. И поред своје пикантности, и изазивачко-забављачког стила, то је сасвим прописно написана научно-популарна књига, у којој је сваки податак проверив и веродостојан у стручном погледу. Штавише, закључно поглавље (*Чему служи секс?*) заправо је сјајан есеј о биолошкој природи полности на Земљи и генетском смислу тог феномена. Луцидно Спарксово поређење полно-репродуктивног спајања са мешањем шпила карата *носача* наслеђивања, можда нам данас звучи већ познато, али је свакако било сасвим свеже у херојско време генетике, када је књига писана.

Војислав Васић

Сексуална веза

ГЛАВА ПРВА

СЕКСУАЛНА ВЕЗА

Нема лепше ствари на свету од вођења љубави – или бар читања о томе. Сви ми мислимо на секс – неко више, неко мање – а за љубавни живот животиња интересујемо се колико и за свој. Ово и те како добро знам из сопственог искуства у Лондонском зоолошком врту, где сам неколико година радио као научник, уствари као воајер плаћен да проучава како се паре птице и павијани. Моја властита збирка животиња, смештена у једној лабораторији, могла је да се пари до миле воље, далеко од радозналих погледа посетилаца. Међутим, често сам послом излазио у круг Врта, где се, уместо парења на скровитом месту, све претварало у јавну приредбу. Схватио сам зашто се свет тиска око кавеза са лавовима. Лав је „радио радњу", и то често. Кад год би црне носороге обузела страст, посетиоцима се пружала прилика за изузетан доживљај, не само зато што је удварање носорога нежно као двобој два тенка, него и зато што људи зину од чуда кад угледају мужјакову „алатку" дугачку преко 90 cm. Пошто сасвим исуче пенис и нанишани, мужјак га „ушета" у женкину вулву и не вади га више од пола сата.

„Викторијанска кућа примата" није место за моралисте. Напротив, показала се као омиљено стециште воајера животињске еротике. Сећам се како је парење голорепих мајмуна изазивало бучно навијање узбуђених посетилаца, па чак и повике „Креши, мајсторе!" Што се тиче плавих мошница и цинобер црвеног пениса мужјака мандрила, кад год би их показао у пуном сјају, обавезно би привукао задивљене погледе и мушкараца и жена. Овакве ситуације инспирисале су посебну врсту скаредног хумора. На гласан коментар једног сељака, „Ух, што би' вол'о да имам јаја ко он", дежурни чувар је хитро реаговао: звецнувши кључевима у свом џепу, добацио му је: „А тек да видиш моја!" Много пута сам видео поцрвенеле маме како журно одвлаче своје љубопитљиве синчиће од кавеза у којима мајмуни капуцинери неуморно мастурбирају.

Размишљајући о тешкоћама животињског парења, многи посетиоци су ми постављали питања која сваком од нас повремено падају на памет. Безброј пута сам упитан како то ради мужјак бодљикавог прасета – један „убод" против оноликих бодљи. Мој мудри одговор је увек био „Пажљиво". Уствари, мужјак стварно има тешкоће, али их, као што ћемо видети, имају и све друге животиње кад се упуштају у сексуалну везу.

Наша љубопитљивост за начин на који животиње играју игру парења не ограничава се на чисту пожуду, јер су односи међу њима веома драматични кад се намераче на секс. Да сам у ово икада посумњао, мој рад на снимању филмова о дивљим животињама распршио би ми сваку сумњу.

У последњих десет година много сам путовао као продуцент и режисер филмова о природи. У мојих стотинак емисија, често су најупечатљивије акционе сцене биле снимци животиња које непосредно или посредно истичу своје право на парење. Посебно се сећам величанствених европских јелена, који би, чим осете еротски мирис успаљене кошуте, претварали своје разгранате рогове у моћно оружје. (Иначе, један шкотски ловочувар измислио је разлог због којег се, у сезони парења, доминантни јелени тако често ваљају у каљугама: „Па, да хладе јаја"). На сличне сцене борбе мужјака наишао сам и у пространим равницама Јужне Дакоте, кад су моћни мужјаци бизона прелазили са траве на краве. Био је август – сезона парења – и крда су престала да лутају преријом. Мужјаци, којима је крв узаврела од страсти, неуморно су се сударали главама и дизали облаке прашине.

Зебре су готово цео дан заокупљене искључиво травом, али кад млада успаљена женка заводљиво замирише, мужјаци сместа забораваљају на храну. То се неколико пута десило док сам снимао ове пругасте коњиће у кратеру Нгоронгоро у Танзанији. Млада женка галопира кроз крдо око појила, а за њом јурцају напаљени пастуви, међусобно се ритајући, ујдајући и гурајући да се избуре који ће је опасати. После дугог посматрања мирних породичних група, ова сцена делује узбудљиво и уноси драму у филм. Иако су се борбе водиле између мужјака, њихов циљ је био секс.

Понекад је драматично понашање у још ближој вези са сексом. Као по некој тајанственој команди, милиони морских рибица гавуна искачу из топлог Тихог океана и праћакају се на месечином обасјаним златним жалима Калифорније. Гиздави мужјаци рајске птице скакућу тамо-амо, све мислећи на секс: намена њиховог раскошног перја јесте да се утврди ко је главни певац, јер тај ће се спарити са највише женки.

Ово је првенствено књига о *парењу*, а не о сексу у ширем биолошком смислу – а то су два различита појма. У свакодневној употреби, оба израза подразумевају сношај. Људи купују књиге о сексу, гледају филмове о сексу, смеју се вицевима о сексу, осећају се секси и повремено упражњавају секс. Међутим, у строгом смислу речи, секс означава размножавање путем сарадње двеју различитих јединки – мужјака и женке. „Пол“ означава *разлике* између трутова и матица, петлова и кокошака, бикова и крава, мушкараца и жена. Неке од разлика су јасно повезане са парењем, које је пресудно за процес спајања семена и јаја, чиме се обезбеђује продужетак врсте. Сасвим је природно што су мушкарци опремљени укрутљивим шмрком, што жене имају међу ногама рупу која ће га примити и што обоје осећају задовољство кад се једно стави у друго. Ипак, безбрижност са којом се мушкарац и жена препуштају једно другом не би смела да прикрије истину да је сношај озбиљна ствар и да се, по сваку цену, *мора* обавити. У неких животиња, пењање на женку и парење уме да буде технички тежак маневар, понекад скопчан са великим напрезањем и опасношћу. Слон буквално спада с ногу у напору да оствари

3

генитални контакт, а мужјаци небројених животињских врста приносе највећу жртву – дају живот за љубав.

Парење на нама најпознатији начин је само један од многобројних егзотичних стилова које су животиње развиле ради решавања главног проблема – оплодње јаја. Свака животињска врста има сопствену сексуалну стратегију, а све те стратегије заслужују озбиљно истраживање, зачињено са мало хумора; на крају крајева, хумор је најважнији део нашег сексуалног живота. У широку лепезу животињске еротике спада и оно што нам изгледа настрано и бизарно: парење прстима и ногама, мужјаци који шаљу љубавна „писма“, запањујући самонавођени сексуални пројектили. У поређењу са било којим од својих дивљих рођака, ми, људи, играмо љубавну игру према врло лабавим правилима, према којима је све дозвољено. Међутим, у коју год варијанту да се упустимо, у везивање или содомију, орални или групни секс, будите сигурни да ју је нека животињска врста одавно испробала.

ГЛАВА ДРУГА

СУПЕР СЕКС

Људи су неоспорени светски шампиони у сексу, сексуално најупорнији од свих животиња. За разлику од већине животињских врста, за нас не постоји ловостај на секс, а жене су, у току шездесетак година свог пунолетства, углавном спремне и способне за секс колико и мушкарци. Оба пола се паре искључиво ради задовољства, што је јединствена појава у животињском свету. Можда женке животиња осећају неку врсту задовољства кад их мужјак опслужи, али ниједна не доживљава грчеве снажног осећаја – или оргазма – сличног оном који доживљава мужјак. За разлику од њих, жене су се, током еволуције, оспособиле да уживају у парењу, тако што су развиле реакцију попут реакције мушкараца, са оргазмом који им задовољава страст. Постојаност нашег полног нагона види се по томе што смо увек спремни за нове сексуалне идеје и надражаје. Ово двоје иде заједно. У ствари, да бисмо остварили све своје могућности у игри парења, можда је неопходно да негујемо оно што се некада звало „поквapeна машта" – да се заинтересујемо за еротику.

У том погледу и немамо неки нарочити избор: готово нам је немогуће да избегнемо афродизијаке којима нас свакодневно бомбардују други људи, рекламе и медији. Изричитије међу њима називамо порнографијом. Неки људи реагују на порнографију као жедан човек у пустињи на фатаморгану. Сексуални сладокусци траже надахнуће и узбуђење у еротским филмовима, који могу да узбуркају крв и надраже полне жлезде. Кад заједно гледају еротски филм на телевизији, обичан мушкарац и његова девојка често су запањени сексуалним способностима порно звезда.

Међутим, у нормалном животу ствари стоје другачије. По својј прилици, ни ви ни ја нисмо курати као порно звезде, нити смо, за разлику од њих, способни да, као они, по целу ноћ „туцамо" своје „рибе". Еротски филмови намећу некима од нас осећање ниже вредности. Савремени љубавници, просечно оптерећени стрепњом и љубомором, непрестано се занимају какав је њихов сексуални учинак у поређењу са учинком других. Једно научно истраживање учесталости сношаја показало је да је деведесет одсто људи уверено да сви други то раде много чешће него они. Животиње немају такве тешкоће и стрепње. Утолико смо ми сексуално најнеуротичнија и најупорнија животиња. У ствари, неуроза је још већа ако се позабавимо прибором за игру парења. Судећи према броју писама читалаца објављеним у еротским часописима, многи мушкарци су потиштени због дужине – боље рећи краткоће – свог пениса. Ова стрепња је разумљива, јер су, у сваком случају, пенис и његова способност да се укрути битно обележје мушкости. Ниједан мушкарац не воли да су други куратији од њега. Отуда и много војничких вицева о завидљивости због великог пениса.

Водник војнику: „Зашто ти вири главић испод шорца?"

Војник: „Хладна је вода, па ми се скупио ђока, господине водниче!"

Сама величина *нема никакве везе* са мужевношћу, али старе заблуде се тешко искорењују. Још увек је уврежена представа да велика вештина и издржљивост у вођењу љубави иду под руку са огромним пенисом и масивним тестисима. Попут лоших радника, љубавници који су несигурни у себе пребацују кривицу на своју „алатку", па покушавају да побољшају оно што им је природа дала, али постану импотентни од силног масирања, истезања и употребе вакуумских дилататора за увећање пениса. Ово, иначе, није само западњачка опсесија. Кажу да забринути Јапанци узму врућу циглу са рупом у средини, ставе пенис у рупу и не ваде га док се цигла не охлади. Верује се да ће ова „терапија“, ако се понавља неколико пута недељно, претворити мини мушкарца у супермена. Блажи методи увећања познати су од давнина. *Кама сутра* садржи неколико егзотичних рецепата, као што је искувавање семенки нара. Савремени љубавни напици садрже „хормонске састојке“, али пениси незадовољника углавном остају непромењени. Ако је опседнутост дужином и дебљином упорна, мушкарац може да поврати самоувереност тако што ће купити један од оних монументалних гумених фалуса и натаћи га на свој!

Дакле, колика треба да буде дужина пениса? Једном су слично бесмислено питање поставили Џорџу Вашингтону: „Колика треба да је дужина људских ногу?“ „Довољна да дохвате земљу“, одговорио је Вашингтон. Иако пенис неких животиња виси до земље, чињеница је да је пенис створен да уђе у вагину, а ако је довољно дугачак да тај циљ постигне у конвенционалном сношају, нема потребе да буде дужи. Кад се укрути, чак и најмањи људски пенис врши посао који му је природа наменила.

Дужином пениса су, у неку руку, опседнути чак и сексолози, па су, у име науке, обавили многа истраживања да би утврдили разлике у дужини. Најдужи су они црни, којима се, у јужном Судану, диче кракати припадници племена Динка, високи преко 210 cm; и најкраћи су црни, а носе их Пигмеји из шумовитих предела централне Африке. Јужноафрички Бушмани имају најнеобичнији модел – никад им не спада испод хоризонтале. Међутим, у целости узев, мушкарци се међусобно много мање разликују него што можда мислите: мали мушкарац не мора имати мањи пенис од високог. Дужина већине опуштених пениса је између 7 и 10 cm, али млитава мера је неважна, јер је пенис створен да врши посао кад се укрути. На надражај, пенис се дигне и обично порасте за 5–6 cm. Дакле, у просечног мушкарца, дужина укрућеног пениса је једва нешто преко 15 cm, а обим је око 11,5 cm ако се мери одмах испод главића. Наравно, „просечан“ пенис је чисто математичка категорија. Наиме, већина укрућених пениса је дугачка између 13 и 18 cm; примерци од 20 cm су релативно неуобичајени, као и они од свега 10 cm. Они краћи од 10 или дужи од 23 cm толико су ретки да их треба ставити у музеј! Ово би бар требало да сведе на праву меру приче о огромним фалусима дугачким преко 30 cm. Ипак, како на свету има преко две милијарде одраслих мушкараца, обавезно ће се наћи и покоји изузетан примерак пениса. Кажу да, ако тражите мушкарца са највећим, морате отићи у Холивуд – а куда би другде? – где живи Чарли Звиждач. Иако му је преко 60 година, још увек је сензација на уврнутим журкама, где привлачи задивљене погледе гостију док шета међу њима, носећи на сребрном послужавнику свој пенис од целих 40 cm. Баш добро што овај супер фалус ужива толику пажњу, јер није имао срећу да му се бар једном у животу дигне!

Чувени амерички сексолози др Вилијам Мастерс и гђа Вирџинија Џонсон открили су да се супер-пениси понашају другачије од примерака просечне дужине. Док просечан пенис много нарасте на надражај и постане тврд као камен, природно дугачак пенис се само придигне и очврсне, а што је већи, то се мање укрути. Од дужине опуштеног пениса зависи и колико ће порасти. Пенис нормалне дужине порасте за око једну трећину, али мали пенис од свега 9 cm уме да нарасте на свих 19 cm, то јест за 120%. Насупрот томе, пенис од 15 или више cm у опуштеном стању обично ће, кад се надражи, порасти за само 2–3 cm.

Ове чињенице и бројке требало би да људе оптерећене сексом наведу на озбиљне закључке. Ниједан мушкарац не треба да завиди оном чији опуштен пенис је огроман, јер није тачно да тај има и огромну ерекцију. Дакле, власник пениса који је мали кад је опуштен не треба да се стиди пред онима који су боље опремљени, јер кад су надражени, разлика између димензија пениса је занемарљива.

Пенис служи мушкарцу да убризга семе у вагину; сврха ритмичног набијања је да узбуди и задовољи својु партнерку надраживањем њеног клиториса и зидова вагине. Може ли мушкарац са великим да више задовољи жену него онај са просечним? Мора ли слабије опремљен љубавник да га набија „до балчака“ да би задовољио природну жељу своје партнерке за пенетрацијом? Вагина није јама без дна; у ствари, за време сексуалне узбуђености, дугачка је свега 7,5–10 cm. Кад је мушкарчев пенис растеже, њено ткиво може да се развуче на око 18 cm, после чега наступа непријатност, јер је мало жена у стању да издржи растезање вагине и лупање по јајницима, што би им се догодило ако зајашу пенис од 20 cm. Дакле, фалус дужи од 18 cm није никаква предност, јер, ако се стера до краја, изазива бол уместо задовољства! Сама вагинална шупљина је еротски осетљива једино у доњој трећини – нарочито око улаза. За већину жена, најузбудљивији осећај је кад јој пенис ради у првих 5–6 cm вулве. Остали део је мање важан. Дакле, мушкарац чији укрућени пенис мери свега 9 cm и те како је способан да оствари контакт са деловима вулве који узбуђују његову партнерку и да му при том остану цела 3-4 cm вишка.

Као што рече Дезмонд Морис, мој ментор у Лондонском зоолошком врту, мушкарац се може дефинисати као голи мајмун са великим пенисом. Наравно, у поређењу са нашим најближим рођацима, можемо бити задовољни. Шимпанзо има обичан ружичаст шиљак, а ни моћни горила нимало боље не стоји. Да су творци прича о томе како гориле силују узимали величину пениса као одлику мужевности, горила би одавно изгубио углед силоватеља. Одрасли мужјак тежи близу 250 kg, али му је дигнут пенис троструко мањи од људског, једва нешто дужи од 5,5 cm.

У прошлом веку, европски трговци, истраживачи и мисионари који су се пробили до тајанствене унутрашњости Африке причали су приче о мајмунима који нападају села и односе урођенице, па се на њима сексуално изживљавају. Врхунац ове заблуде био је Кинг Конг, чудовишни краљ горила висок 15 метара, који је први пут пренет на филмску траку у Холивуду,

1933. године. У филмској причи је једно племе морало да му жртвује лепе урођенице, како би ублажило његов гнев, а он би их односио у џунглу, где би доживеле незнану, али сигурно злу судбину. Једна плава лепотица, по имену Феј Реј, окончала је његову страховладу, јер је Кинг Конг имао ту несрећу да се заљуби у њу, чиме је започео низ драматичних догађаја, који су се завршили тако што је овај мајмун, помахнитао за сексом, изрешетан митраљеским зрнима док се кешао о врх облакодера „Емпајер стејт билдинг“ у Њујорку – највеће фалусне конструкције на свету (што је, иначе, својеврстан симболизам).

У ствари, има доказа о настојањима да се права истина о анатомским особеностима мужјака гориле сакрије још од самог њеног открића. Године 1861, амерички истраживач Пол де Шаји објавио је написе о крвожедности и страшном изгледу гориле. Такође, устврдио је да је он први ловац на гориле и да их је стога темељито проучио. Занимљиво је, међутим, да им је брижљиво уклањао гениталије пре него што би мртве примерке отпремио у Европу. Није нам познато да ли је мужјаке сакатио због свог чистунства, или је хтео да сакрије неспектакуларну истину да гениталије мужјака гориле никако не одговарају предрасудама које су о њему створене.

Кад се укорене, легенде споро изумиру, па се заблуда о огромној сексуалној моћи мајмуна одржала и у првим деценијама двадесетог века. Успех трговине „мајмунским жлездама“ заснивао се на уверењу да мајмунски тестиси могу пренети мајмунску потенцију на онемоћале мушкарце. Највише претеривања у вези с овим било је двадесетих година овога века, када је Серж Воронов усадио тестисе шимпанза неколицини времешних мушкараца и тврдио да их је то подмладило. То подмлађивање је, у ствари, било само пуста жеља, мада изгледа да је и сам Воронов веровао у дејство таквих операција; зашто би, иначе, највећег мајмуна чувао за себе, да му се нађе кад почну да га издају полне жлезде?

Релативна или апсолутна разлика у величини гениталија разних животињских врста нема везе са либидом, те за мајмуна, који је релативно слабо опремљен, нема биолошког разлога да се не упушта у секс. Скромне димензије гориловог пениса потпуно одговарају његовом скромном сексуалном животу. Појединости о сексуалном животу горила биле су непознате све док научници нису отишли у дивљину и живели са њима. Амерички зоолог Џорџ Шалер један је од првих научника који су проучавали планинске гориле у влажним бамбусовим шумама вулкана Вирунга у северном Заиру (тадашњи Конго). Зрели мужјаци су величанствене животиње опасног изгледа, са дугом црном длаком на удовима и сребрнасто сивим крзном на трупу, али је Шалер, стрпљивим посматрањем, установио да су гориле доброћудни мајмуни, који већину дана проводе брстећи дивљи целер. У току 466 часова посматрања, забележена су само два случаја спаривања, као и један неприхваћен позив на парење. Дакле, овај шампион свих примата у тешкој категорији није никакав шампион у сексу.

Упоређивање сексуалне способности животиња са нашом може бити занимљив експеримент. Међутим, мора се имати у виду да је овде реч о такмичењу између неједнаких и да свака животиња има опрему и способност да задовољи потребу своје репродукције. Кад се укрути, горилин сићушни пенис убризга семе довољно дубоко у женкину вагину да обезбеди оплодњу. Иако се, према нашим мерилима, гориле ретко паре, учесталост њиховог парења довољна је за производњу броја младунаца који је потребан за продужење врсте. У поређењу са пенисом неких других сисара, људски пенис је неупечатљив, али они који бацају завидљиве погледе на пастувски алат од 60 cm треба да знају да би такав пенис био исто толико бескористан човеку колико и људски коњу. Ако полно надражена животиња има дугачак пенис, значи да јој је такав потребан; ако нека друга има кратак, значи да јој је толики довољан.

Природно је да џиновске животиње имају највећи пенис, јер је великој животињи потребно дугачко оруђе за парење. Црни, глатки пенис надраженог пастува мери 60 cm, а мужјак жирафе, који је тежак преко једну тону, има пенис од близу 80 cm. Чак и домаћи бик има врло дугачко оруђе. Кад се пропне и заскочи краву, збичи јој близу један метар свог хрскавичавог, ружичастог рапира. Топлота њене вулве га изазове да брзо ејакулира и он, после свега неколико секунди, одскочи с њених леђа, са пенисом педантно спакованим у корице.

Као што знате, афрички слон је највећа копнена животиња. Мужјаци су просечно високи око 320 cm и тешки око 5–6 тона. Највећи слон на свету био је један огроман мужјак који је живео у Анголи, све до 13. новембра 1955, кад је имао несрећу да налети на Валерија Фењикевија, мађарског ловца на крупну дивљач, који је у њега сручио ни мање ни више него шеснаест метака великог калибра. Леш овог горостаса био је тежак 10,7 тона, а висина до врха плећке му је процењена на 380 cm. У част свог убице, овај слон се сада назива Фењикевијевим слоном и изложен је у Смитсоновом музеју у Вашингтону. Међутим, посетиоци не могу да му виде гениталије, јер слон скрива свој масивни пенис и 5 kg тешке тестисе у својој трбушној дупљи. Тек кад нањуши успаљену слоницу, помаља се његов џиновски пенис, дугачак 1,5 m и тежак близу 30 kg – довољно меса да се напуни замрзивач. Још занимљивија је његова јединствена грађа. Пре парења, слонов огроман, дебео пенис има облик латиничног слова „S“. Штавише, поседује сопствене погонске мишиће, који га покрећу у свим правцима, све док не напипа отвор слоничине вагине. Касније ћемо се вратити на слонов самоходни пенис.

Ипак, слонови нису најватренији љубавници на свету. Др Иан Даглас – Хамилтон и његова супруга Орија провели су пет година уз 450 слонова који настањују бујне шуме на ивици долине Рифт у националном парку „Језеро Мањара“ у Танзанији. За све то време, само четири пута су видели парење. У жи-

... нема много прилика за оргијање

воту слона нема много прилика за оргијање. Слонице пристају на парење само у току два-три дана у средини свог тронедељног циклуса еструса. Веровали или не, то је добра вест за мужјаке, али, на њихову жалост, чим се спари и оплоди, слоница занесе, а потом постаје брижна мајка, што јој угаси полни нагон за наредне три-четири године. Зато није чудо што су мужјаци спремни „као запета пушка" кад год им се укаже ретка прилика за парење.

Слон своје релативно неженство не надокнађује дугим удварањем. Напротив, мужјак који се изборио за високо место у лиги парења брзо издвоји успаљену слоницу, положи сурлу на њена леђа и одмах је заскочи. После толиког чекања, романса је кратка: парење афричких слонова траје мање од једног минута, а парење азијских је још више „на брзака“. Неки амерички научници су, у Шри Ланки, прецизно измерили трајање парења. Слон проведе просечно 23,06 секунди на леђима слонице, док његов самоходни пенис млатара на све стране тражећи циљ. Кад јој га утера, уживаће – ако уопште ужива – свега 9,2 секунде. Иначе, од 1,5 м пениса, слоници уђе само око 25 cm. За овако крупну животињу, краткотрајност сношаја је неопходна. Приликом парења, слон се напреже готово до границе издржљивости свог костура, а његова тежина представља огроман терет за слоницу. Можда због тога азијске слонице често упру челом о стабло или клекну на предње ноге пре него што их слон заскочи.

Живот у води отклања неке од неприлика које имају велике копнене животиње. Китови су топлокрвне животиње, које су своју сисарску полну спрему донеле са копна у море. Живећи у воденој средини, одавно су се ослободили потребе да своју тежину носе на коштаној шасији, па користе предности величине. Велики кит је ефикаснији од малог: лакше одржава телесну температуру и релативно мање једе, јер економичније троши гориво приликом пливања. Резултат ових предности је настанак морских џинова, међу којима је плави кит највећи. Он је можда највећа животиња у читавој историји живота на Земљи. Највеће тачно измерене јединке, уловљене близу Шетландских острва, биле су дугачке 33 m (мужјак) и 32 m (женка), а тежиле су по двеста тона. Мужјаци имају пенис који одговара њиховим монументалним размерама, али га је тешко видети. Интимне појединости о парењу китова увек су скривене испод површине мора, а кад није у употреби, китов пенис је скривен у унутрашњости његовог трупа, у интересу хидродинамичности.

Нажалост, једина прилика да се кит измери јесте кад је мртав и спреман за транжирање. Обично му је тада пенис искочио из тела, под притиском гасова насталих због труљења утробе. На неким старим гравирама и дрворезима приказани су насукани китови – најчешће уљешуре – којима вири пенис. Плави кит има толико велики да му је склопљен испод сала, о облику латиничног слова „S“. Кад избије из великог „надутог“ кита, дугачак је између 2 и 2,5 m. Наравно, није укрућен, али, судећи према делфинима, опуштен китов пенис није много краћи од укрућеног и спремног за парење, мада је мало тањи.

Међутим, кад киту узавре крв од жеље за парењем – свих 8.000 литара – он се, иако има супер-пенис, лаћа врло тешког посла. Ставите се у положај кита: покушајте да водите љубав у базену за пливање, али пре тога и мушкарац и жена морају да обуку припијена и клизава ронилачка одела, да им ноге буду везане, а да руке држе иза леђа. Китови немају други избор; кад су њихови преци прешли на живот у мору, оба пола су морала да развију начин спајања у води, па им је дугачак пенис и те како добродошао.

Дакле, ако се титула светског шампиона додељује највећем пенису, победник је плави кит. Међутим, ако упоредимо *релативне* димензије пениса различитих животиња, добија се сасвим другачија слика. Укрућени човеков пенис износи готово једну десетину његове висине. Ако бисмо плавог кита сразмерно смањили на величину човека, дужина његовог укрућеног фалуса износила би свега 13–18 cm, што је веома слично нашем. Коњи и слонови много боље стоје у том погледу, јер им укрућен пенис износи готово четвртину дужине тела, рачунајући и ноге. Ипак, шампионски пенис треба тражити на сасвим другом месту. Да бисте га нашли, отидите на најближу морску обалу, потражите стене или лукобране које плима свакодневно плави и пажљиво осмотрите: вероватно ћете приметити на хиљаде малих белих пега – лопара; а лопари имају невероватно далекометан сексуални живот.

Лопар је необична животиња. Вековима је сматран за шкољку сродну пучици, чанчици и дагњи, јер цео живот проведе припијен уз неку стену на обали. То је далеко од истине. Пажљиво испитивање показало је да лопари немају никакве везе са мекушцима; у ствари, они су веома измењене козице, дакле, љускари. Иако отпочињу живот као сићушне ларве које лебде међу планктоном, касније мењају животну средину. Сваки од њих се припије уз неку чврсту површину и затвара се у свој минијатурну кречњачку тврђаву, где перастим ногама цеди храну из мора и убацује је у уста.

Лопари су хермафродити – свака јединка има и мушке и женске органе – али, попут многих амбисексуалних животиња, не воле да сами себе оплођују. Да би се размножавали, морају се парити, попут свих осталих виших животиња. Међутим, пошто не могу да се крећу и траже партнера, смислили су задовољавајуће решење проблема љубави према својим удаљеним суседима. Сваки лопар је опремљен паром сразмерно огромних змијастих пениса. Његово тело има само 5–6 mm у пречнику, али неке врсте лопара имају пенисе дугачке и преко 20 cm, што износи више од тридесет телесних дужина. Иако су ове животињице најчешће густо збијене, ипак су опремљене и за размножавање у ситуацијама кад су раштркане. Ако су партнери удаљени, лопар одмота целу дужину свог пениса и њиме претражује стене. На позив једног од својих далеких суседа, нежна бела цевчица му се завуче под оклоп и излучи семе, те тако оплоди суседова јајашца. Понекад се деси да и сусед стави свој пенис у погон и завуче га свом љубавнику, па је уживање обострано. Кад би човек имао пенис тридесет пута дужи од своје висине, тј. педесетак метара, свашта би се дешавало – а још кад би, попут лопара, имао два пениса...

Радионица пуна одличног алата не чини мајстора. Важно је како се опрема користи. Исто је и са вођењем љубави! Само резултатом се обарају рекорди. Прве награде на свеопштој сексуалној олимпијади припадају двема категоријама љубавника – онима чији полни чин најдуже траје и онима са највећом учесталошћу парења. Животиње са највећим пенисом, као што су слон и кит, заузимају веома ниско место на бодовној листи љубавничке лиге.

Пре него што се позабавимо запањујућим сексуалним способностима животиња, треба да утврдимо наше. Овај задатак је прилично сложен, јер су за љубав потребне две различите јединке – мушкарац и жена – а полови се увелико разликују у погледу потенцијалног учинка. Поред тога, прилично је тешко прикупити рекорде. Од око шест милијарди људи на свету, само шачица врхунских спортиста може да претрчи сто метара за мање од десет секунди; већина би била задовољна и двоструким временом. Тако је и са сексом. Неки људи имају незајажљиве сексуалне прохтеве. Тапи Овенс, зоолог који је постао чувен сниматељ сексуалних мотива и издавач порнографског материјала, устврдио је, 1969. године, да води љубав 42 сата недељно. Међутим, сексуални манијаци су изузеци, као што су и врхунски спортисти. Дакле, као прво: шта се сматра честим вођењем љубави? Многи људи траже одговор на ово питање, али наравно, одговора нема. Парови воде љубав онолико често колико желе и оно што одговара једном пару може код неког другог пара изазвати неизмерну фрустрацију. Уходани љубавни парови воде љубав два-три пута недељно. Многи то раде сваке ноћи, а многи само једном недељно. Нико од њих није изузетан. Дакако, са старењем опада и мужевност, што доводи до постепеног опадања полне моћи, али чак и осамдесетогодишњаци су у стању да повремено ураде „ону ствар", ако се баш намераче. Понекад је опадање учинка пре последица незаинтересованог мозга него смежуравања органа.

Мушкарци имају биолошку сметњу за постизање велике учесталости полног односа, јер их оргазам, који је задовољавајући свршетак љубавног чина, искључи из погона на око пола сата. Накратко се осећају клонули и неосетљиви на полни надражај. Насупрот мушкарцу, жена нема такву паузу после оргазма, па је способна за више узастопних сношаја – ако јој се укаже прилика. Линда Лавлејс, позната из порнографског филма *Дубоко грло,* упорно трага за срећом, ако се може веровати причама из њене аутобиографије *У Линди Лавлејс.* Она тврди да је, ван сцене, сваки дан имала по педесетак оргазама, које је већином сама изазивала. Наравно, већина жена није склона оваквој нимфоманији. У току нормалне забаве у кревету, релативно мало жена (око десет посто) доживи вишеструке жестоке оргазме; међутим, у лабораторији сексолога, „нормалне" жене могу постићи учинак који би измождио и најпотентнијег љубавника.

Увереност мушкарца да је јачи пол и да је његов полни учинак ограничен недовољним полним прохтевом и малом сексуалном издржљивошћу слабијег пола озбиљно је уздрмана кад су др Вилијам Мастерс и гђа Џонсон објавили резултате својих истраживања. Њих двоје су били једни од првих научника који су срушили мит да је полни чин ограничен слабом реакцијом жене. Напротив. Неки од парова које су проучавали били су необични, утолико што су мушкарци били неспособни да „сврше унутра". Зато су могли да по цео сат одрже ерекцију, а самим тим и сношај, па су, за то време, три од пет жена доживеле по неколико оргазама. Међутим, жене ретко достижу максимум својих могућности за време коитуса. Оне које су експериментатори подвргли оргији механичке стимулације електричним вибраторима и пластичним пенисима који су им неуморно улазили и излазили имале су између 20 и 50 узастопних оргазама у току једночасовне сеансе. Сеанса би се завршавала тек кад је жена потпуно исцрпљена. Испоставило се да је њихова издржљивост феноменална: могле су да, сваке недеље, издрже по две до три сеансе полне хиперстимулације, за које време би свршиле између 60 и 150 пута. Наравно, такав ниво надражаја изазива здравствене тегобе – жене су почеле да пате од конгестије карлице и болног отока клиториса. У сваком случају, ово показује за шта су све жене способне кад се ослободе мушкарчевог релативно слабог еректилног учинка, који га ограничава на свега три оргазма на сат – а на дужи рок, три пута дневно је превише и за мушкарца у пуној снази!

Дакле, иако се неки младићи хвале бројем „риба“ које су повалили, њихов списак неће импресионирати потпуно ослобођену жену која жели *право* задовољство. Она ће морати да прибегне промискуитету какав би запањио и највећег дон жуана. Године 1974, у Булоњској шуми у Паризу, Силвија Бурдон је успела да, у току маратонског полног општења од сат и по, потроши ни мање ни више него педесет три мушкарца, чиме је поставила рекорд у парењу. Није нам познато да ли је, у тој сеанси, доживела исто толико оргазама, али је извесно да је њен резултат раван издржљивости жена које су механички стимулисане у оној америчкој лабораторији.

Колико може трајати полни чин, без обзира на оргазам? Ме Вест је тврдила да „од вишка глава не боли“, па је чак прекрила таваницу своје спаваће собе огледалима, да би гледала шта ради. Позната по својој нескромности, хвалисала се по Холивуду да је, једном приликом, пуних петнаест сати непрекидно водила љубав са неким Тедом. Наравно, ово треба да узмемо „са зрном соли“. Већина нас је задовољна сеансама које трају између двадесет и четрдесет минута – слично кенгурима, али много краће од маратонских сеанси парења осталих аустралијских животиња.

Просечан мушкарац вероватно проводи више времена за воланом свога аута него у „паљењу“ своје партнерке, а она ће, највероватније, много дуже бити приљубљена уз судоперу него уз свог мушкарца. Обоје ће неупоредиво дуже преседети пиљећи у екран телевизора него једно у друго. Имајући ово у виду, можемо започети трагање за сексуалним шампионима животињског царства.

ГЛАВА ТРЕЋА

ДИВЉИ СЕКС

Ако име ишта значи, да ли, можда, шампионска титула припада агапорнисима, односно љубавним птицама? Ови шарени папагајчићи проводе много времена у предигри, али само повремено прелазе на праву ствар. Тако су названи зато што су мужјак и женка стално припијени једно уз друго и све време се љубе и једно друго бишту по глави. Ове птичице су пре симбол заљубљености него секс бомби.

Такозване љубавне бубе стоје мало боље као симбол пожуде. Као и многи други инсекти, оне су краткоовечне, али страствене – већину свог живота, који траје пет-шест дана, проводе водећи љубав у лету. Пошто су провеле око шест месеци под земљом као ларве, преображују се у инсекте налик на издужену кућну муву, програмиране искључиво за проналажење партнера и парење у лету. Оне то тако добро раде да се популација љубавних буба шири Флоридом брзином од 30 km годишње и тренутно се неумољиво приближава Мајамију, где излуђује возаче. Кад рој ових мува надлети аутопут, њихова тела, спојена у љубавном загрљају, разбијају се о ветробране и зачепљују хладњаке, па и возила и возачи прокувају. Ово толико омета саобраћај да је један истраживач, др Ренди Торнхил, добио задатак да пронађе начин за гашење страсти љубавних буба, али за сада није много постигао.

Овнови се сматрају врхунским љубавницима. Сезона мркања обично пада у позну јесен, кад овце постану плодне и спремне за мркање – али само са овновима који су се пробили до врха. Овнови лудују за парењем месец-два и све то време се труде да освоје висок положај, како би се спарили са што више оваца. Чим нека овца уђе у дводневни период еструса и затражи парење, доминантни ован почне да је чува од „загорелих" постранаца. Ован мрка отприлике свака три сата. Као и многе друге животиње, много чешће скаче на женку него што ејакулира, јер вишеструко зајахивање и забијање пениса у женкину вулву појачава узбуђење. Док је овца расположена за парење, ован скочи на њу око двадесет пет пута, од чега је пет--шест пута осемени.

Спортским достигнућима овнова можемо се дивити на фармама, где сточари воде рачуна да сваки ован има посебан простор и могућност да се на миру пари са тридесет оваца, без ометања од стране осталих овнова. Ован у пуној снази може да, за четири дана, подмири и успешно осемени тридесетак оваца. Ако на сваку скочи 25 пута, за то време ће имати око 750 скокова и ејакулираће око 200 пута, те ће му дневни учинак бити 190 скокова и 50 ејакулација!

Многи папкари показују запањујућу полну моћ. Учинку бика посвећује се велика пажња, због његовог значаја за производњу меса и млека. Ако има довољно крава на располагању, бик може да се начисто распомами. Један примерак, радећи у интересу науке, ејакулирао је 77 пута у току шесточасовне сеансе парења. Иначе, кад раде „на терену", бикови се не излажу тако великом напору, нити показују толику потенцију. То им није у интересу, јер ако се мужјак пречесто пари – а шта је пречесто, зависи од животињске врсте – опада му плодност, што поништава саму сврху парења, оплодњу женке.

И мужјаци дивљих животиња поседују велику полну моћ. Иако је способан за парење најмање шест месеци у години, европски јелен згусне све своје полне активности у релативно кратак период јесење рике, кад кошуте нагло постану заводљиве. Мужјаци немају жељу да обарају сексуалне рекорде; једино их занима да стекну положај и посед. Правила игре одређује женка, а њу ће највише привући мужјак који је показао надмоћ. Јелен у пуној снази, који има богато роговље и власт над великом територијом, привући ће више женки него његови мање мужевни суседи.

Ово илуструје једна врста антилопе. Лепи наранцасто-мрки мужјаци импале, са елегантним роговима у облику лире, имају незајажљив полни прохтев. У сезони парења, од априла до средине маја, мужјаци помно чувају своја крда женки. Има их који успеју да опслуже више жена него краљ Соломон; гдекоји мужјак чува крдо од стотинак женки. Осим што се пари са свима редом, мужјак све остало време проводи држећи их на окупу и разгонећи завидљиве удвараче.

У случају угандског коба, успешан секс зависи од власништва над земљиштем. Ове антилопе живе у екваторијалној Африци, где им блага клима омогућава да се плоде преко целе године. Женке живе у малим крдима, проводећи дане у испаши и преживању, све док им не дође време за парење. Тада ће им се учинити да је трава зеленија на месту које бисмо могли назвати „квартом црвених фењера“. Мужјаци су одабрали елегантан начин удварања. Полно зрели мужјаци окупе се на уобичајеном парилишту и сваки гледа да се избори за сопствени комад земљишта, на којем може женкама понудити добру пашу. За женке, привлачност такве арене зависи од њеног положаја у „кварту црвених фењера“. Арене у центру привлачније су од оних на периферији. Кад наступи време парења, витке, дугоноге женке доскакују до момка на доброј адреси. Пролазе кроз периферне „плацеве“ не обраћајући пажњу на „приградске“ кандидате, све док не стигну до централног „плаца“, где застану да мало попасу и дозволе власнику да се спари с њима. Зато сваки мужјак настоји да избаци власника централне територије и заузме његово место. Ако доминантни мужјак оде да се напије воде или да пасе негде другде, други му заузме арену, па ће, кад се врати, морати да силом истера уљеза. Иначе, његове многобројне витке, црнооке обожаватељке су и веома захтевне; упркос својој грациозности и нежном, чедном изгледу, оне, на врхунцу еструса, нису нимало крхке и напаљене су као зечиће. У то време, свака по десетак пута дневно посети централну арену и тражи „оно“.

Мало је крупних животиња које су, у погледу полне моћи, равне лавовима и њиховим нимфоманским љубавницама. Лав, који је, због свог краљевског изгледа, господственог држања и господарења над животом и смрћу у савани, назван краљем животиња, слободно би могао да захтева висок положај у животињском царству и због свог екстравагантног начина парења. Лав не спада међу најживахније животиње саване, али, као и сваки монарх, губи хладнокрвност кад му се укаже прилика за путено задовољство. Посетиоци источноафричких резервата дивљих животиња најчешће виде лавове како дремају, изваљени на леђа, раскречени, са све четири увис. Крајња исцрпљеност после напорног ноћног лова? Ни говора – они тако проводе и већи део ноћи! Научници који су непрекидно посматрали чопоре лавова по двадесет четири часа потврдили су да они проводе по двадесетак сати дневно у излежавању. Међутим, ова опуштеност нестаје кад се појави успаљена лавица. Одбацујући своју пословичну лењост, она непрестано тражи друштво мужјака, трља се о њих, похотно се ваља и потура им задњицу. Мужјаци пожудно реагују на ово бестидно завођење.

Плодне лавице су незајажљиве: паре се сваких петнаестак минута у току два до три дана, али се не може рећи да су претерано промискуитетне, јер ретко мењају партнера више од једном дневно. Док је удружен са лавицом у периоду парења, лав се свим силама труди да задовољи њен полни прохтев, а то значи да ће морати да и до сто пута дневно опкорачи њену натрћену стражњицу. Нема сумње у способност лава да одржи тако високу учесталост. Једном је један лав у Серенгетију непрекидно посматран два и по дана. Првог дана се 74 пута спарио са једном лавицом и 12 пута са другом. Другог дана се спарио још 62 пута, а до подне трећег дана спарио се још девет пута. Дакле, за два и по дана спарио се свих 157 пута, са просечним размаком између скокова од 21 минут. Док се бавио овим послом, лав није ништа јео. У дивљим чопорима догађа се да, после дан-два, лавица одбаци изгладнелог и уморног лава и замени га свежијим и одморнијим, док у зоолошком врту лав нема супарника, али ни предаха. Да би задовољио лавичину страст, мужјак мора да скочи и 200–300 пута. Рекорд припада једном пару лавова у Дрезденском зоолошком врту, који су се, за осам дана парења, спојили 360 пута. Зато није чудно што, између две сезоне парења, лавови изгледају тако „шлогирано“.

Међутим, ове велике мачке се не могу мерити са неким мањим сисарима. Ситни сисари живе великом брзином. Њихов метаболизам је врло брз, а животни век им је кратак, па су им сви доживљаји и задовољства згуснути у једну или две године. Ово важи и за секс.

У том погледу су најбржи глодари, а један од најжешћих је хрчак, омиљени дечји мезимац. Хрчци се не разликују битно од пацова, али пријатније изгледају: буцмастији су, па су зато љупки, пљоснатијег су лица и немају дуг и гô пацовски реп, којег се многи људи гаде. На први поглед, рекло би се да се хрчци „споро пале“; као што многа деца знају, кад саставите мужјака и женку, они ће се понашати ратоборно, уместо заљубљено. Хрчак захтева одређен простор и сопствену „спаваћу собу“, па зато у стешњеном простору кавеза углавном можете држати само једног хрчка, макар и фрустрираног. Кад јој дође време за парење, женка креће у потрагу за партнером. Колики пут ће прећи у току свог плодног периода можете очитати са уобичајеног точка у кавезу. Ако точак опремите бројачем обртаја, видећете да, за један дан – у ствари, за једну ноћ – женка направи и 100 до 200 обртаја, али, кад је обузме полна страст, па само мисли како да нађе мужјака, нећете веровати својим очима кад ујутро погледате бројач. Уз мало математике на маргини јутарњих новина, израчунаћете да је, за једну ноћ, женка превалила пут од свих осам километара. Да је нашла мужјака, исплатило би јој се толико одбијање ногу, јер се, у току првог сата жарке љубави, хрчци спаре 65–75 пута, или, штоно кажу, „шест пута у пет минута".

Ипак, шампион је један други глодар, у блиском сродству са популарним кућним љубимцима гербилима, који се зове Шоов скочимиш. Један пар ових љупких мишића јавно је оргијао пред једним угледним научником, који је избројао ни мање ни више него 224 скока у само једном сату! Мужјак није ејакулирао приликом сваког скока, али је упркос томе, скочимишова потенција огромна. Поставља се питање зашто су неке животињске врсте потентније од својих сродника одговарајуће величине. Зашто се Шоов скочимиш спарује сваких петнаестак секунди, хрчак отприлике једном у минуту, а заморчад само једном на сат?

Наравно, свако скочимишово спаривање траје око три секунде. За већину сисара типична је велика учесталост спаривања, а не дуготрајно спајање. Као што смо видели на примеру слона, љубав крупних животиња уме да буде кратка колико и љубав много мањих. Ипак, и овде има неколико занимљивих изузетака. Букарење свиња траје од три до двадесет минута, за које време вепар убаци крмачи око 250 мл семена, што је најдужа и најобилнија ејакулација у свету животиња. Међутим, свиње воде љубав само четири пута на дан. Њихови крупнији рођаци, нилски коњи, воде љубав цео сат. Спаривање кенгура траје 15 до 20 минута, а понекад и дуже. Мужјак Берновог торбарског миша, не сјахује по три сата, уз кратке периоде снажног набијања пениса, између којих женка спава! Стјуартов торбарски миш је још већи заљубљеник у дуготрајан секс, јер остаје спојен и по дванаест сати. Што се тиче нижих животиња, пужеви остају у слузавом загрљају до дванаест сати, а једном приликом је забележено парење звечарки с ромбичним шарама које је трајало 22 часа и 40 минута.

Агути, јужноамерички глодар који личи на заморче са штакастим ногама, једина је животиња која надмашује апокрифну издржљивост Ме Вест, јер агути остају спојени отприлике један дан. Међутим, ако се узме животињско царство у целини, ни ово не доноси медаљу, јер инсекти, на пример, редовно остају у тандему по двадесет четири часа. Још 1919. године забележено је да је један пар дивних сумпорно-жутих лептира шафрановаца остао спојен читаву недељу дана. Овако дуго спаривање већ прелази у везивање, појаву коју ћемо размотрити касније. Све животињске врсте које су технику везивања развиле као нормалан начин парења заслужују награду за дуготрајност полног чина.

Неки од највећих „сексуалних манијака" на свету припадају породици паразитских метиља, у које спадају листолики црви који уништавају јетру људи и домаћих животиња. Посебно су занимљиви крвни метиљи: довољно је да се мужјак и женка састану само једном у животу, па да букне црвља верзија љубави на први поглед. Мужјак, који је крупнији од женке, обујми је и заглави је у нарочити жлеб на свом телу, а затим углави пенис у њен вагинални отвор, одакле га не вади до краја живота. Купајући се у топлој, храњивој крви свог домаћина, мужјак и женка остају у непрекидном љубавном заносу дословце „док их смрт не растави", што најчешће значи смрт њиховог домаћина.

Овај доживотни загрљај смртоносан је за око 100 милиона становника Африке и Азије, јер метиљи користе трбушне вене као своје тунеле љубави и изазивају болест билхарзију. Женке производе огромне количине бодљикавих јаја, које избијају у црева или бешику, зависно од врсте метиља. Непосредне последице по домаћина су крварење, инфекције и стварање канцерозних чворова. Иако се метиљи могу нападати разноразним лековима, тешко их је уништити, а сазнање да су здравствене тегобе и опасност последица њихове љубави представља слабу утеху за болеснике.

Коњске струне нимало не заостају за метиљима. Ти црви су свеприсутни – чак има врста које живе само у филцаним подметачима на које немачке пивопије спуштају кригле. Као и у случају метиља, ови црви привлаче нашу пажњу због непријатности које нам приређују. Рударске глисте изазивају анемију и летаргију; јеврејски верски закони којима се забрањује једење свињетине вероватно су настали због смртоносних последица које изазивају трихине *(Trichina)* из свињског меса. Велики број сићушних кончастих црва рода *Filaria* у лимфном систему изазива гротескан оток ногу познат као елефантијазис. Одвратан паразит зван гвинејски црв, који може да нарасте до 120 cm у дужину, живи тик испод коже, где ствара оток налик на варикозну вену и излучује отров. Многе врсте ваљкастих црва воде љубав на лицу места. Врсти по имену *Syngamous* потребно је „дубоко грло", јер живи у душнику птица и сисара, где се целог живота непрестано пари. Сваки сићушан мужјак се задњим делом тела причврсти за женкин полни отвор, који потом прошири уз помоћ ужасних бодљи, како би одржао сигуран полни контакт.

Нађите животињу коју сматрате најлепшом или најнеобичнијом и одмах ће је нека друга надмашити. Крвни метиљи и њихови сродници проводе цео живот у непрекидном полном чину, али не иду тако далеко као мужјаци неких врста, који буквално живе *у оној ствари.*

Женке већине животињских врста повремено траже друштво мужјака. Међутим, женка *Bonnelia* је задовољна тек ако мужјак живи у њеној вагини. Бонелија није најупечатљивија животиња на свету; то је сићушни пљоснати црв, који се скрива испод камења на морској обали. Међутим, њен полни живот је и те како упечатљив. Женка је као пансион са слободном собом за издавање. Кад полно сазри, она огласи да јој је вагина слободна, на што се у њу уселе сићушни мужјаци, па оплођују сва јаја која им прођу кроз собу!

ГЛАВА ЧЕТВРТА
СОЛО СЕКС

Да ли сте икада чули за *квахоѓа?* Милиони ових школьака, утуткаthem иза својих кречњачких зидова, једва да су свесни шта се напољу дешава, јер квахог нити види, нити чује, а чуло додира му је веома ограничено. Нема ни мозак вредан помена, те не може да сањарењем надокнади самоћу. Квахог се мало креће, а чак и исхрана му је готово аутоматска радња – микроскопске мрвице хране преносе се до њених уста слузавом покретном траком.

Ипак, постоји један осећај због којег се квахог сместа прене из дремежа – укус семена другог квахога. Кад га осети, ово мирно створење почне да се грчи и да избацује икру. Било би лепо помислити да ово биће осећа неку врсту узбуђења или задовольства што је прекинуло монотонију, али није тако. Ова северноамеричка школька нема појма ни о разлогу нити о сврси свог грчења, јер чак и приликом парења нема физичког нити емоционалног контакта између два квахога. Нестрасни квахог је школька са два капка – слична школьци капици – и као и у многих примитивних животиња, њено избацивање семена и јаја је соло радња, изазвана издалека.

Традиционална сексуалност на коју су људи навикли и којом су задовољни не важи за икраше. За наш начин вођења љубави потребан је мужјак који производи семе и чија грађа му омогућује да га унесе у женку. Женке производе јаја и грађене су тако да могу примити семе свог љубавника и водити бригу о породу. Љубавни задаци су строго подељени између полова и упадљиво се одражавају на њихово понашање и менталитет. Међутим, анатомија сексуалности је мање уочљива у чекињастих црва, шкољака, морских јежева и њима сродних животиња. Сви љубичасти морски јежеви изгледају једнако. Чекињастом морском црву рода *Arenicola* (добар је као риболовачки мамац) сваки сексуални партнер је подједнако добар. Узалуд ћете осматрати морске колевке или хитоне припијене уз стену да бисте установили полне одлике. Често нема никакве разлике између мужјака и женке у погледу начина на који ове животиње шаљу своје производе у свет. Међутим, иза њиховог унисекс изгледа крију се суштинске разлике између унутрашњих производних линија. Један пол производи семе, а други фабрикује јаја.

Мрешћење је најпростији начин парења. Уз то, ово је превасходно подводни секс. Техника је једноставна: кад им полне ћелије сазру, водене животиње их избаце у воду, где се оне насумице спајају. Као стратегија којом се обезбеђује оплодња довољног броја јаја, овај ноншалантан соло секс има недостатака: прождрљиве рибе су увек спремне да се најеђу хранљивих јајашца пуних жуманцета, а она икра која је безначајна чак и за ситну рибу постаје плен небројеног милиона љускара великих као зрно пиринча, који је требе из планктона. Осим тога, море је огроман простор, те је, чак и у бари између стена, задатак кратковечног семена – да нађе јаје – тежи од тражења игле на фудбалском стадиону. Таласи често раздвоје млечац од икре, или их помешају. Дакле, како се овом врстом секса обезбеђује продужетак врсте?

Нека од најбројнијих и најраспрострањенијих бића на свету су сексуални солисти. Међутим, она су прилагодила свој начин размножавања потреби да се умање неки од ризика садржаних у излагању икре опасностима морских дубина. Није никакво чудо што јесетра, или зрела женка лососа, носе милионе јаја. Њени набрекли јајници су одраз невероватно мале шансе да ће бар једно јаје успети да постане риба. Огромна производња помаже семену и јајима соло љубавника да се споје. Бројке су просто незамисливе.

У току само једног мреста, женка бакалара, ако избегне рибарске мреже, произведе шест милиона јаја. Женка лососа, која води компликованији живот, препун великих опасности, полаже пет пута више јаја.

У погледу плодности, бескичмењаци су далеко испред кичмењака. Људи сакупљају бодљикаве морске јежеве почетком лета, кад су пуни укусних гонада; у то доба се могу скувати и разбити као кокошије јаје. Морски зец, који личи на великог мрког пужа голаћа, проводи живот у приобаљу пасући морске алге. Најхрањивији део одлази у гонаде (полне жлезде). Кад сазру, свака женка испусти по једну јајну траку, која се у току једне до две недеље преобрази у близу 500 милиона јаја. Америчка острига је још продуктивнија: у само једном полагању, женка избаци до 115 милиона јаја, а овај невероватан подухват може да понови пет-шест пута у свакој сезони мреста. Из чињенице да се, у целини, број острига не увећава нити смањује произилази да свака женка, сваке године, мора да положи око 700 милиона јаја, како би обезбедила да два-три преживе и замене њу и њеног невиђеног љубавника. Оваква огромна производња јаја је цена коју остриге морају да плаћају зато што се не старају о својој икри. Упоредите ово са женом, која поседује ефикасну технику прихватања семена и која води велику бригу о својим младунцима. Жена улази у пубертет са свега 10.000 потенцијалних јаја у своја два јајника, од којих ће се, у току репродуктивног периода њеног живота, пробудити само око 400 јаја, по једно месечно.

„Љубавници на даљину" примењују полну синхронизацију да би смањили расипање: њихова икра и млечац истовремено сазревају и они је истовремено испуштају. Северноамеричка острига има два оријентира за синхронизовано дејство. Најважнија је температура. Ако је вода исувише хладна, метаболизам остриге се успори. Кад се море загреје, пулс и дисање јој се убрзају и она почне сумануто да једе, а храњиви планктон је права храна за стварање икре. Чим море достигне критичну температуру, остриге су спремне да ступе у дејство. У овој фази су попут нестрпљивих возача, који су убацили мењач у брзину и турирају ауто, а на семафору је још увек жуто светло. Чим добију зелено, стартују тако брзо да „засмрди гума". У случају остриге, зелено светло је хемикалија коју испуштају њихове полне ћелије. Мужјаци који живе на месту где је вода врло топла не издрже прејаку стимулацију, па испусте млечац. Док млечац лебди изнад морског дна, женке усисавају семе са струјањем хране. Кад осете укус снажног афродизијака у млечцу, готово истог тренутка избацују јаја. И јаја садрже снажну еротску хемикалију, која наводи остале зреле јединке на мрешћење. На тај начин, једна једина острига може да покрене сексуалну експлозију која муњевито захвати цело станиште острига и засити море икром. Занимљиво је да постоји читав низ органских твари које имају афродизијачко дејство на остриге. Из једне јапанске морске алге издвојен је моћан афродизијак, што можда објашњава тврдњу да супстанце које излучују микроскопске морске биљке у планктону изазивају мрест острига.

Само они који пате од поленске кијавице могу да схвате сексуални живот остриге. Кад би наша стратегија парења била као у остриге, нагли пораст концентрације полена у ваздуху би нас распомамио, уместо што нас од њега пецкају очи и цури нам нос.

Остриге нису једине животиње које користе еротске хемикалије како би своје партнере навеле да се мресте. Разне друге шкољке, чекињасти црви и морски јежеви изазивају синхронизован мрест на исти начин. Остриге су углавном густо збијене на морском дну, чак се и дотичу, те без великог проблема осете еротску хемикалију. Великим љубичастим морским јежевима, од чијих љуштура се, у многим морским летовалиштима, праве леши али морбидни абажури за туристе, потребно је више простора. Они живе у плићаку, где сваки заузима простор од око два са два корака. Суседи могу бити међусобно удаљени и више од четири метра. Упркос томе, на површини морског дна

Из једне јапанске морске алге издвојен је моћан афродизијак

налази се око 870 ових животиња по једном јутру, што је довољно да цело станиште покрију полном течношћу.

Сексуално месечарење је можда најзанимљивији начин синхронизовања мужјака и женки у сезони мреста. У складу са окултним представама о промискуитету, лунарно лудило је најчешће повезано са групним сексом таквих размера да, у поређењу са њим, најлуђе људске оргије личе на дечју игру. Становницима Бермуда познате су ноћне оргије морских свитаца. То су морски сродници обичних кишних глиста, али им је тело опремљено низом чекињастих весала, која им помажу да се крећу кроз воду. Већи део године проводе као и сви пристојни црви, скупљајући храну по морском дну. А онда их одједном глад за сексом натера да, усред ноћи, засветле и крену ка површини. Њихов период парења непогрешиво регулише месечина, јер се ови црви роје и мресте једино у току неколико вечери после пуног Месеца. Педесет и пет минута по заласку сунца, или који минут горе-доле, први морски свици почну да се уздижу ка површини мора. За свега неколико секунди, из сваког кутка на морском дну покуљају светлећи црви и док дланом о длан, цело друштво је на окупу. Свадбене свечаности се одвијају испод саме површином мора, под сребрним зрацима Месеца. Иначе, месечина им није ни потребна као осветљење, јер сваки црв може да види друге и да буде виђен. Овај спектакуларан рандеву личи на Дизнијев балет, јер морски свици сијају и за собом остављају светлећи траг у води. Кад је спремна за парење, светлећа женка плива у малим круговима и оставља за собом светлост у води и на својим јајима. Ово намамљује скупине мужјака, који севају тамо-амо кроз светлеће трагове женки. Док играју балет испод саме површине мора, мужјаци и женке се међусобно надраже еротским хемикалијама и измресте се. После пола сата, светла се гасе и од ватреног масовног парења остају само милијарде сићушних провидних лоптица које лебде у мору. Ове лоптице садрже заметке наредног нараштаја морских свитаца.

Ројење и лунарно лудило су методи које црви примењују ради побољшања ефикасности парења. Што се тиче морских јежева и шкољки, оплодња је још увек спољашњи догађај, али тиме што се збијају у рој, чекињасти црви помажу својим полним ћелијама да се споје. Синхронизовање ових „журки" са фазом Месеца веома је значајно за размножавање морских животиња, иако нама, сувоземцима, изгледа мало ексцентрично. Дневни ритам човека увелико зависи од изласка и заласка сунца, али је ова смена дана и ноћи неважна за животиње које живе у мору и на морској обали. Биоритам тих животиња зависи од морске плиме, која је условљена кретањем Месеца у орбити око Земље.

Иако је 400.000 километара удаљен од Земље, Месец је довољно близу и довољно велики да снажно привлачи водену масу. Свака кап течности на нашој планети повинује се тој сили. Осетљиви инструменти могу да региструју плиму чак и у шољи чаја. Да је Месец увек на истом месту на небу, његова привлачна сила би на Земљи изазивала плиму сваких 24 сата. Међутим, Месец је у покрету, па нам сваког дана треба 48 минута више за наилазак плиме. Стога плима сваког дана наилази 48 минута касније него претходног дана, те се дневни циклуси плиме стално продужавају, да би се, на крају, максимално скратили. И дању и ноћу, обалске животиње рачунају време према плими. Њихов „дан" је подељен на периоде плиме и осеке.

Месец видимо зато што га осветљава Сунце, а његове четири мене показују његов положај у односу на Сунце и нас. Месечеве мене следе правилан циклус, тако да између два млада месеца прође 29,5 дана. У току једног лунарног циклуса, Месец и Сунце су двапут поравнати са Земљом – кад је пун месец и кад се појави срп младог месеца. И привлачна сила Сунца је довољно јака да подигне ниво океана, а у току ова два периода помаже привлачној сили Месеца. Два пута сваког лунарног месеца, велика плима плави морску обалу на дан-два, а осека оставља морски свет на сувом. У међувремену, кад су небеска тела у другачијем положају, а Месец у међуфазама, висина плиме се смањује, па такву плиму зовемо малом плимом.

Велике плиме су од посебног значаја за икраше, за које је кретање водене масе од животног значаја, како за мешање њихових полних ћелија, тако и за разношење њихових планктонских ембриона до нових станишта на морском дну.

Прецизност често има одлучујући значај. За сребрне гавуне, пацифичке рибице налик на гирицу, рандеву на обали у било које време осим на *врхунцу* велике плиме био би катастрофалан. У сезони мреста, сребрни гавуни се понашају попут пирата – излазе на копно по месечини, да би закопали своје благо. Њихово благо је драгоцена икра, коју морају да сакрију око линије домашаја велике плиме. Циљ је да се јаја, док у њима расте млађ, на две недеље сакрију од грабљиваца. Ако буду закопана прениско на обали, свакодневне плиме ће их спрати у чељусти грабљивих риба; ако су, пак, закопана превисоко, неће их досегнути таласи наредне велике плиме. Калифорнијски гавуни темпирају свој групни секс тако да пада у време великих плима које долазе између марта и августа, непосредно после пуног месеца. Чим велика плима почне да се смањује, јата гавуна се окупљају у приобаљу. Кад су спремне за мрест, ове рибице пусте да их талас избаци на обалу, где се и женке и мужјаци укопају реповима у песак и истовремено избаце млечац и икру, пре него што их наредни талас повуче натраг у море. У време мреста, пешчана обала светлуца од небројених гавуна који се на њој праћакају у чину парења, док се њихова сребрнаста крљушт пресијава на месечини.

Палоло је можда најдраматичнији пример лунарног лудила. Палоло или *Eunice* спада у чекињасте црве и настањује коралне гребене Самое, Тонге и Фиџија. Палолои су дугачки близу 60 cm и врло вешто се скривају. Без чекића и длета којим бисте издубили стену насталу од окамењеног корала, нема шансе да видите иједног црва, осим у току само једног дана у години, кад их месец изазове да се паре. То се догађа за време последње месечеве четврти у октобру или новембру. Као и већина осталих морских чекињастих црва, палолои су развили домишљат начин парења „преко пуномоћника“. Кад се приближи велики дан, сваки црв спакује своје семе у задњи део тела, опремљен широким веслима. Тај део чак има и „ретровизор“ – сопствену рудиментарну главу са једним оком. У року целе оргије парења, палолои остају сакривени у својим коралним пећинама, а мрешћење препуштају својим потрошним задњицама.

У зору одсудног дана, кад су месец и плима баш како треба, палолои се буквално прекину од секса. Наиме, одбацују своју задњу половину и док се предњи део повуче на годину дана ради регенерације, задњи део елегантно отплива по завојитој путањи. Понегде је њихов рој тако густ да море личи на супу са резанцима. Ово не измиче пажњи становника Фиција и Самое, који, на основу лунарног циклуса, предвиде тачан дан мрешћења, па се сладе деликатесима справљеним од црвљих репова.

Изгледа да је црвима лако да постану двоструке личности. Врста чекињастог црва по имену *Autolytus* производи ланац полних јединки из свог задњег дела. Пре него што се прекине, тај црв се налази у планктону, где за собом вуче ниску мрестних капсула. Црв *Trypanosyllis* довео је парење „преко пуномоћника“ до необичне крајности. На задњем делу тела сваког зрелог црва појаве се розете сићушних полних пројектила. Ови црви немају утробу и живе само онолико колико им је потребно за учешће у бизарној бици полова. У време парења, они испаљују плотуне ових капсула икре и семена, који одлебде у планктон. Ту се мужјаци понашају као самонавођени пројектили, јурећи унаоколо све док у својим нишанским справама не угледају женску мету. Кад се сасвим приближе, тела им се распрсну, што њиховим полним ћелијама омогућава да се излију у море. Ове самоуништавајуће секс бомбе су још један од невероватних резултата еволуирања према ефикасном парењу и оплодњи.

Приликом програмирања секса на таласима плиме, као програматор служи Месечева *светлости*, а не периодичан налет огромне количине воде. Ово је утолико чудније што је месечина 300.000 пута слабија од

... розете сићушних полних пројектила

Сунчеве светлости и што пролазак кроз воду још више пригушује зраке Месеца. Познато нам је да светлост небеских тела има важну улогу за полно узбуђивање животиња, као што ће се видети из неколико примера.

У многих птица, постепено продужење дана после краткодневице стимулише расположење за парење, те оне започињу пролећни пој. У јелена, пак, постепено скраћивање јесењих дана активира њихову полну опрему у време рике. Мужјаци су толико осетљиви на трајање дневне светлости да њихови тестиси започињу производњу семена само два-три дана после дугодневице.

То подупире тврдњу да чекињасти црви региструју ритмичне промене јачине месечеве светлости. Ово је поткрепљено експериментима. Обични европски морски црв *Platynereis dumerilii* обично се пари у току последње четврти месеца. Међутим, ако се ови црви држе у лабораторијском акваријуму, под уједначеном светлошћу, њихов циклус парења се порети; пошто немају спољашњи путоказ за синхронизовање својих полних прохтева, они се јате у свим фазама месеца, што им увелико умањује ефикасност парења. Ово стање се може променити ако се, на два дана у току сваког месеца, појача светлост у лабораторији. Црви ће погрешно протумачити да је појачану светлост изазвао пун месец, па ће се, после отприлике недељу дана, сјатити и спарити.

Примитивне морске животиње нису једина бића на чију страст утиче ритам Месеца. И полни нагон неких копнених животиња регулисан је месечином. Познато нам је да се мачке веру по крововима кад је ноћ пуна месечине и да пси лају на месец. Слепи мишеви, нарочито тропски, преспавају дан и тек неколико минута после заласка сунца излећу из својих пећина или гнезда у шупљинама дрвећа. Иначе, највише слепих мишева има тамо где преко целе године дан и ноћ трају мање-више подједнако. Можда им Месец одређује време за парење, јер су периоди парења изузетно прецизни. Дугопрсти слепи мишеви, који настањују Јужне Хебриде, паре се само у току првих пет дана септембра. Воћни слепи мишеви из Шри Ланке спајају задњице у току септембра. Познат нам је утицај Месеца на нашег обичног легња, птицу која током лета у сутон лови мољце и друге инсекте. Да се легањ доселио сведочи цврчање мужјака, песма којом, чим зађе сунце, објављује своју спремност за парење, док женка пристаје тек кад изађе месец. Она се пари и леже јаја у току последње четврти лунарног циклуса, тако да јој се младунци излегу у време наредног пуног месеца, кад је лов могућ преко целе ноћи. Ако јој украдете јаја на почетку периода инкубације, нов насад ће да снесе тек за три недеље, како би се ускладила са Месецом.

Ни ми нисмо имуни на утицај Месеца, чак ни у свом полном животу. До недавно, кад су људским животом још увек управљали митови и врачбине, веровало се да Месечеве мене утичу на све у животу. Пуњење месеца је било предзнак снаге и среће, па су зато земљорадници обављали сетву тако да усев изникне у време кад се месец пуни. Венчање и „медени месец" планирани су за период пуњења месеца, да би се у потпуности искористила лунарна сила. Али, месечина је била скопчана и са опасностима. Они који су водили љубав под сребрним зрацима пуног месеца излагали су се великој опасности, јер су у таквим ноћима шуме врвеле од вила, вештица и злодуха. Многе жене су за своју трудноћу окривљавале Месец.

Ово веровање засновано је на уверењу да лунарни ритам управља плодношћу, путем менструалног циклуса. Иначе, способност жене да сношај заврши оргазмом зависи од њеног менструалног циклуса. Као што знате, та способност је на врхунцу негде на средини циклуса, у време овулације, после чега нагло опада, а потом нагло достиже врхунац пред сам почетак менструалног одлива. Дакле, ако Месец утиче на менструацију, он посредно утиче и на способност жене да ужива у интимном односу. Разумљиво је зашто сујеверни људи бркају Месец и менструацију, јер менструални период траје око четири недеље, то јест један лунарни месец.

Године 1920, професор А. Герсон је изнео једну необичну теорију којом је покушао да објасни повезаност лунарног и менструалног циклуса. Према њему, ово потиче из каменог доба. Устврдио је да су се „дивље" жене, које до тада нису крвариле, узбуђивале при помисли на оно што ће им се догодити у периоду пуног месеца. У размацима од око четири недеље, њихови космати мушкарци су се враћали из лова и наваљивали на жене. Жене би толико жељно ишчекивале те месечне оргије да би им материца набрекла од крви, па су временом почеле да крваре. Професор Герсон је исувише пустио машти на вољу; његова теорија је исто толико основана колико и стара прича да су жене кажњене да периодично менструално крваре зато што је Ева завела Адама. Наравно, велики број узастопних менструалних циклуса последица је напретка цивилизације и контроле зачећа. У дивљини, спаривање и трудноћа брзо заустављају циклус. Ово важи како за женку павијана, тако и за „дивљу" жену.

Која је сличност између менструалних циклуса и фаза Месеца? Месечев циклус увек траје 29½ дана, док менструални циклус није једнак у свих жена. *Просечно* трајање менструалног циклуса је око 28 дана – укупно 20 дана годишње краће од лунарног циклуса – док је *нормално* трајање између 22 и 28 дана. Поред тога, трајање менструалног циклуса може одступати и по четири до пет дана од уобичајеног. Непостојање прецизне међузависности између лунарног и менструалног ритма не допушта даља озбиљнија истраживања повезаности Месеца са периодом парења, што се може доказати на случају наших нижих приматских рођака. Разлике међу врстама у погледу трајања њиховог менструалног циклуса готово су исте као у жена. Циклус женке капуцинера траје 16 дана а циклус женке гориле 45 дана.

Ипак, не смеју се занемарити неке чињенице, иако има оних које је тешко доказати. На пример, очекивали бисте да у било ком тренутку у току године менструира подједнак број жена. Е, па, није тако, бар у Немачкој, где је једна студија полних циклуса показала да више жена крвари у време пуног месеца него у другим периодима. Ако, дакле, циклусом управља Месец, онда се „лек" за нередовне менструације сам намеће: један амерички војни лекар препоручује женама са нередовним циклусом да оставе упаљено светло у току три ноћи пуног месеца, како би допуниле месечину која им обасјава спаваћу собу. Овај лекар тврди да жене убрзо почну да реагују на Месечеве мене и добију уредну менструацију.

Још необичнија тврдња изнета је у Чехословачкој. Један научник, Еуген Јонас, устврдио је да способност жене да затрудни зависи од фазе у којој се Месец налазио *на дан њеног рођења*, а да је овулација повезана са пуним месецом. Др Јонас тврди да, ако зна датум рођења неке жене, може да јој направи распоред сношаја који ће јој обезбедити да занесе. Обавештени смо да је овај метод 98% успешан – уколико то ишта значи, јер се овакве тврдње граниче са научном лаковерношћу. Ако сексуалност жене садржи елемент лунарног лудила, попут чекињастих црва, онда је човек можда повезан са природним циклусима у свемиру. Неки криминолози сматрају да јесте. Полицијска евиденција садржи бројне извештаје о зликовцима које је нека неодољива сила нагнала да чине дела сексуалног насиља у време пуног месеца. Забележени су таласи силовања који су се поклапали са фазама пуног месеца. Један од примера је сексуални манијак из Тексаркане. Он је напао у ноћи 20. фебруара 1946. – ноћи пуног месеца. Изненадио је један пар који је водио љубав у аутомобилу паркираном у близини Тексаркане у Тексасу; младића је онесвестио кундаком пушке, а девојку је силовао, али ју је оставио у животу. Ниједна од његових наредних жртава није била те среће. Опет у ноћи пуног месеца, 24. марта, осамнаестогодишња Поли Мур је избодена ножем, силована и искасапљена на месту које је свега око један километар удаљено од места првог злочина, а њен вереник је пронађен са метком у слепоочници. Једна петнаестогодишња девојчица је силована и убијена 13. априла, такође у време пуног месеца. Убица је напао само још једном, 3. маја, кад је, на једној фарми, убио власника из пушке, а његову жену оставио у полумртвом стању. После тога није било пријава нових случајева, па је закључено да је, убрзо потом, убица починио самоубиство бацивши се под воз. Психијатри су сигурни да је овај убица био лудак опседнут силовитим и неодољивим импулсима у време пуног месеца.

У току 1939. и 1940. године, Клинтон де Вит Кук, злогласни сексуални манијак из Лос Анђелеса, силовао је и убијао у ритму лунарног циклуса. Неки злочинци периодично чине насиље у време других фаза Месеца. Вилијама Хајрена, који је починио низ посебно сурових сексуалних убистава у Чикагу, спопадао је неодољив полни прохтев почетком лунарног месеца, између младог месеца и прве четврти. И лондонски сексуални убица Џон Кристи био је редован убица, који је нападао почетком лунарног месеца, док је Џек Трбосек, најпознатији од свих сексуалних психопата, оштрио нож два пута месечно, око 8. и 28. дана у месецу!

Да ли Месец заиста појачава чудовишни нагон ових психопата? Нема података о томе да ли полни нагон нормалних мушкараца јача и опада у складу са лунарним циклусом. Уосталом, зашто би наш полни нагон требало да буде усклађен са Месецом? Морске животиње, као што су чекињасти црви, јежеви и многе врсте риба, имају разлог за лунарно лудило: оно им помаже да „предвиде" најповољније време за испуштање својих полних ћелија. Не постоји убедљиво објашњење зашто би људска сексуалност била повезана са лунарним циклусима. Иако се овде описане појаве сматрају последњим остацима древног система компулсивног парења које синхронизују лунарни ритмови, оне би исто тако могле бити случајне појаве које се погрешно сагледавају кроз маглу сујеверја и псеудонауке.

Нема сумње да рибе стално побољшавају ефикасност парења. Чак и соло играчи испуштају своје полне ћелије на начин који обезбеђује оплодњу уз што мање расипања. Узмимо европског грегорца, можда најинтензивније проучавану рибу на свету. Одрастао грегорац, дугачак свега 5–6 cm, гиздава је риба јарко црвеног трбуха, блиставих тиркизних очију и бледих зеленкастоплавих леђа. Креће се слободно, јер је заштићен низом оштрих бодљи. Грегорац се увек пари у пролеће. Мужјак прво сагради на речном дну мало гнездо од воденог биља, па крене у потрагу за женком. Праву партнерку препознаје по томе што је сребрнаста, сјајна и набрекла од икре. Севајући тамоамо испред ње, он је стрпљиво намами до своје „гарсоњере" и губицом јој покаже улаз. Пошто женка уђе, мужјак почне да је благо лупка по задњици, што је изазове да се мрести. За мање од једног минута, женка положи икру и изађе из гнезда. Мужјак сместа заузме њено место и испусти млечац преко њеног насада од 50–100 јаја. Сада су му се осећања потпуно променила. Потрошена и спљоштена женка га више не привлачи, па ће је напасти ако му се мота око гнезда. Чим мало поспреми стан, мужјак креће у нов поход, све док, једну по једну, не намами четири женке и накупи довољну количину икре.

Узастопно парење или мрешћење судбина је огромног броја риба, иако се појединости разликују у зависности од врсте. У случају лососа и пастрмке, на пример, женка репом ископа бразду у шљунковитом дну потока. Кад је спремна за мрешћење, један или два мужјака јој приђу и легну близу ње, спремни да јој штрцну млечац преко икре пре него што са два-три замаха репа затрпа бразду.

Најчешћа рибља стратегија парења је истовремено испуштање икре и млечца. За лист-рибу, десетак центиметара дугу лепу рибицу која настањује јужноамеричке реке (ово *није* исто што и риба лист – *прим. прев.*), парење је тајна радња: кад мужјаку дође да се пари, он на дну реке нађе згодну пећину у коју ће му доћи зрела женка. Незгода је у томе што женка лепи своју икру на таваницу, а то може постићи једино ако се преврне на леђа. Мужјак остаје уз њу, али у нормалном положају, са трбухом према дну. Међутим, призор преврнуте женке га узбуди и он почне да се грчи. Кад женка почне да лепи икру на таваницу, он ејакулира млечац, али надоле, па га онда перајима потисне према таваници. Дакле, лист-рибе се паре једна преко друге, али леђима уз леђа.

Шарени акантуриди или хирург-рибе паре се у јату. Као и за многе друге јатне рибе, за њих је заједништво једини начин живота. Ове рибе проводе готово све време мотајући се у јатима око коралних вртова и штрпкајући морске алге; кад их уплаши прождрљива ајкула или керња, оне збију редове и побегну у густом јату. У складу са својом друштвеношћу, ове рибе упражњавају групни секс. У време парења, приређују еротске „журке“, кад се помамно тискају тражећи партне ре. Кад више не могу да издрже, из јата се издвајају скупине до пет риба, које се, у збијеној формацији, залете увис око 1,5 m, а затим нагло зароне у јато. У највишој тачки узлета, рибе истовремено постижу климакс и остављају за собом облачиће икре. Иако је овде реч о друштвеном сексу, у оваквом парењу нема телесног контакта – као кад би се, после повратка кући са жестоке еротске забаве, мастурбирало у кревету.

Бакалар је направио значајан корак ка оном пријатном, блиском сексу који се нама допада. Мужјак нема појма која је његова драгана, све док се она изненада не појави у његовој близини и покаже му да јој прија његово удварање. Он се шепури испред ње, пливајући тамо-амо, машући перајима и стално је гуркајући. Ако јој његово удварање занесе памет, женка ће га пратити до на крај света, што значи до површине мора. Тамо је мужјак води и тамо почињу тешкоће, јер мора да изведе два-три сложена маневра да би своју клоаку приближио њеној. Кад је то извео, женка се умири, а он се онда попне на њу и обгрли је трбушним перајима, тако да су сада у контакту, једно над другим. Потом он склизне у страну, још увек је држећи перајима, све док не дође готово испод ње, па притисне трбух и полни отвор уз њен. То је сигнал за мрешћење. Чим се две клоаке споје, почиње истовремено испуштање јаја и семена. Љубавни пар је остварио контакт, али њихово парење је само спајање, а не и сношај, јер мужјак не продире у женку и не одлаже своје семе унутра. Оваква љубав му још увек пре дође као узајамно мастурбирање.

Ово раде и жабе, али њихово спајање је чвршће од лабавог бакаларског загрљаја. У тежњи да повећају ефикасност парења, жабе су развиле секс „накркаче". Жаба с канцама из мочвара и река Јужне Африке не излази на суво све док је на то не присили летња суша, па зато и поседује одличну опрему за пливање – моћне задње ноге попут пераја. Ова жаба је постигла светску славу због своје способности да, према мокраћи, погоди је ли жена трудна. Крајем двадесетих година овога века, једини метод утврђивања трудноће био је да се женина мокраћа убризга у женку миша. Труднице излучују преко бубрега велике количине полних хормона, гонадотрофина, који делују на јајнике других животиња. После пет дана, мишица се убијала и њени јајници су се брижљиво испитивали, да би се утврдило да ли су реаговали на убризгане гонадотрофине. Ако је реакција позитивна, то је узимано као доказ да је жена трудна, а ако није, то је значило да треба да поново проба или да идући пут више пази. Године 1931, истраживачи који су радили у Кејптауну установили су да, ако се женки жабе с канџама убризга инјекција мокраће која садржи полне хормоне, она ће реаговати тако што ће, после 5 до 18 сати, неизоставно положити јаја. Овим је скраћена агонија ишчекивања резултата; поред тога, жаба се, за разлику од мишице, могла употребити више пута. Жабе с канџама су постале веома тражене, па су се извозиле у цео свет, у болнице и лабораторије за тестирање трудноће. И мужјаци су учествовали у тестирању, са задатком да утврде које женке су „трудне“, то јест имају зрела јаја.

У сезони парења, на предњим шапама жапца израсту бодљикави јастучићи, који му помажу да одострага обухвати клизаву женку око „струка“ и чврсто је држи. Овај метод је право сексуално насиље. Успаљеном жапцу је савршено свеједно кога ће да „опали“, па скаче на све што мрда. Његова тактика сталних покушаја гарантује да неће пропустити прилику за парење. Међутим, због тога често скочи на неког жапца или хладну и незаинтересовану женку, или чак на грудву блата која има изглед и величину жабе. Жабац брзо исправља овакву грешку, јер добија сигнал који га сместа охлади. Ако шчепа око струка неког жапца, овај се одмах побуни тако што крекне – у свету водоземаца, хомосексуалност нема будућност. Ако, пак, обгрли неспремну жабу, она му гласно покаже своје негодовање. Како не би трачио време чекајући да она

... на хладну и незаинтересовану жабу, или чак на грудву блата

промени расположење, жабац је пушта. Међутим, ако се жаба не буни, жабац зна да је на правом путу, па јаше своју успаљену драгану све док она не положи јаја.

Циљ овог парења „накркаче" јесте да се жапчева и жабина клоака што више приближе. Кад жаба почне да испушта јаја, жабац зарије губицу у њена леђа и изгрби се, да би што више приближио свој анални отвор њеном. Трбух му добије облик жлеба, низ који јаја клизе до његовог полног отвора, одакле штрца семе преко њих. Чим је избацила сва јаја, женка губи заинтересованост за сексуални контакт. Жабац убрзо сјаше са ње и крене у лов на нову спремну женку. Овако се пари огромна већина жаба, мада појединости варирају од врсте до врсте.

Мрешћење јужноамеричких пипа – или суринамских жаба без језика – описано је као „једна од најсензационалнијих појава" у реду жаба. На први поглед, женка пипе је права наказа, гротескног пљоснатог тела и леђа прекривених кратерима. Међутим, она није ни дегенерисана нити болесна – њена саћаста леђа су доказ да брижно штити свој пород. Свако од многобројних удубљења на њеним леђима је дечја соба за

46

по једно јаје или пуноглавца; наиме, женка носи своје младе на леђима све док не стасају за самосталан живот. Кад је ова необична нега подмлатка откривена, 1705. године, веровало се да пуноглавци спонтано израстају из мајчине коже, као што се мислило да се мишеви рађају из старе одеће, или да крокодили настају од блата! Неколико година касније, холандски анатом Руиш доказао је да не постоји веза између ткива пуноглаваца и мајчиних торби, те да су јаја из којих се они развијају некако положена у удубљења. Тајна парења пипа откривена је тек средином двадесетог века.

Пипе се мресте у води, у нормалном тандем-положају, при чему мужјак држи женку око струка, али уз извођење маневра сличног оном који се у ваздухопловству назива „петља“. Наиме, спојени пар лучно плива нагоре и у горњој тачки лука окрене се на леђа. У том положају остају пар секунди, док женка не избаци три до десет јаја. Како је мужјак сада испод и иза женке, јаја падају на његов трбух. Потом пар зарони ка дну. Док пливају надоле, јаја, сад већ оплођена, клизе наниже између мужјаковог трбуха и женкиних леђа и упадају у њена удубљења. Пар изводи овај маневар „петље“ 15–20 пута, све док се удубљења на женкиним леђима не испуне оплођеним јајима.

Иако европска крастава жаба проводи највише времена на сувом, определила се за подводни секс. Спајање мужјака и женке најчешће почиње већ на путу до баре, тако да су у тандему још пре него што стигну до воде. Попут многих других врста развијенијих водоземаца, мужјак европске крастаче обухвата женку испод пазуха, а не око струка. Кад је спремна да положи јаја, она се раскречи и забаци укрућене краке унатраг, што је поза која њеном јахачу сигнализира да треба да ејакулира; он ово приљежно обави, и то затворених очију. Сеанса може и те како потрајати: мрешћење обично траје од пет до десет сати, а понекад и свих двадесет и четири.

Водоземци као што су краставе жабе извршили су велики еволуциони пробој тиме што су стекли способност да опстану на сувом. Међутим, ова победа је непотпуна, јер се жабе још увек паре и размножавају под водом. Сувоземне жабе су развиле бројна довитљива решења проблема обезбеђивања воде или влаге за своје пуноглавце, а неке су развиле и веома необичну технику парења.

Сапуњарка упражњава групни секс у пенушавој купки. Ова жаба живи на дрвећу, најчешће око мочвара и ритова. Одбацила је секс у води, па своја јаја пакује у гнезда од пене, која гради у зеленилу изнад бара и локви. Кад се пуноглавци излегу, измигоље се из својих пенастих инкубатора и падају у воду, где ће провести детињство. Сапуњарка се пари у свежини ноћи. Чим женка нађе згодно место над водом, на њу се наврзу момци из краја; пошто су мањи од ње, она може да прими и по неколико жабаца, што често и чини. Први је обгрли испод пазуха, други скаче на њега и тако редом, као у игри „труле кобиле". Рекло би се и да ово помало подсећа на „редаљку". Међутим, све икрашице могу да се истовремено упусте у неколико биолошки значајних односа, јер нису ограничене потребом за анатомским спајањем. Незајажљива жена која хоће да истовремено има анални сношај, фелацио и старински начин вођења љубави могла би да истовремено изведе „групњак" са највише тројицом мушкараца, док жаба може да има неограничен број мужјака, јер сви они солирају на врхунцу свог полног чина. Женка започиње сеансу тако што из аналног отвора излучи бледу, прозирну течност, а одмах потом се и она и њени бројни љубавници дају на посао, а то је да крацима умуте течност у чврсту белу пену. Ово изгледа као еротска куварска сеанса, у којој се семе и јаја мешају да би се умутио шлаг. Кад је „шлаг" готов, скупина се разилази, остављајући за собом око 100 до 200 оплођених јаја ушушканих у пену. Спољашност пене се прилично стврдне, чиме се запечати влажна средина у којој се треба да се излегу пуноглавци.

Овај начин парења је много узнапредовао у односу на онај који упражњава усамљени квахог. Жабе су икрашице, али се, за разлику од школьака, спајају, те не воде усамљеничку љубав.

ГЛАВА ПЕТА

СЕКС У ПАКЕТУ

Кад жарко сунце зађе за кактусе и ваздух се охлади, шкорпије измиле из својих јазбина да би се париле на пустињском песку. Мужјак и женка су подједнако смртоносни, што и морају бити, јер су прождрљиви ловци. Жртву убијају тако што јој убризгају смртоносни отров из свог репа. После свега неколико секунди, попац или гуштер је парализован и снажан отров почиње да му разграђује ткиво, како би га шкорпија лакше појела. Шкорпија је машина програмирана да убија и да сваки дан поједе количину хране једнаку својој телесној тежини. Хвата и убада жалцем све што мрда. Ако је у опасности, жалац користи за одбрану. Стога је за шкорпије секс опасан однос, у којем сваки мора да пази да га партнер не поједе.

Да би ово избегла, шкорпија је развила технику парења у одручењу. Љубавници опрезно приђу једно другом, раширених руку, али у њиховом загрљају нема топлине, јер су „руке" уствари масивна клешта намењена хватању и комадању жртве. Заљубљени пар се узајамно разоружава тако што се ухвате за клешта, те су им отровни репови на безбедној удаљености. Затим мужјак поведе крвожедну женку у шетњу око камења, све док не пронађе згодно место за наредну фазу парења. Да би јој оплодио јаја, мора да премости раздаљину између свог и њеног гениталног отвора, а то чини тако што јој пошаље љубавно писмо – пакетић свог семена. Чврсто је држећи, он причврсти за тло бели пакетић у облику бочице, испуњен семеном. Потом пажљиво крене унатрашке, управљајући кретањем женке тако да превуче отворене усмине њеног полног органа преко танког грлића бочице. Ако ју је правилно водио, она ће покупити пакетић семена и оплодиће се. Чим добије што је тражила, женка се претвара у ловицу. Зато је мужјак брже-боље пушта и изводи маневар тактичког повлачења. Кад сунце поново упече, она је већ одавно у свом релативно свежем подруму, где жваће ноћни улов, док јој мужјаково семе улази све дубље у утробу.

Полни чин шкорпија представља велики напредак у поређењу са оним што смо видели у претходном по-

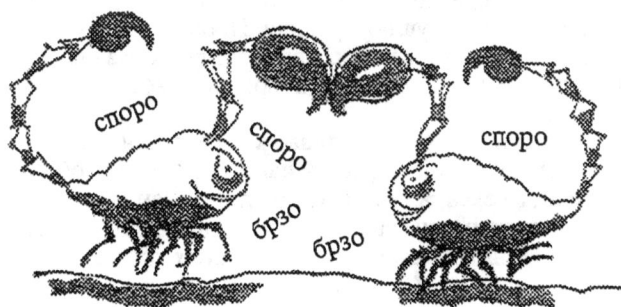

...развила технику парења у одручењу

глављу. Иначе, овај метод је веома стар – фосилни остаци шкорпија пронађени су у стенама из силурског периода, старим 400 милиона година. Дакле, мора да су шкорпије биле у првим редовима у преласку на сувоземни живот. Можда је баш овај метод парења допринео њиховом пионирском успеху.

Будући да смо сувоземци, који се у води утопе, тешко нам је да потпуно схватимо значај првих несигурних корака животиња кад су из прастарих мочвара изашле на суво. На нашој планети, море је било колевка живота, те су, од самог почетка, сва жива бића била везана за воду. Милијарду година – читаву вечност – животиње су опстајале само у води. Продор ка животу у ваздушној средини постигнут је еволуцијом сложених система за преживљавање. Нису сви ови системи имали улогу да очувају влажност. Због потиска воде, водене животиње нису оптерећене својом тежином. Насупрот њима, сувоземна бића је осећају, па је крупнијим животињама зато потребна шасија, то јест костур. Пераја и ноге са пловним кожицама замењени су мишићавим ногама које животињу издижу изнад тла. Очи су се морале преобликовати тако да функционишу на јаркој светлости, а системи за издвајање кисеоника из воде замењени су новим или преоријентисани на рад у ваздушној средини. Поред тога, требало је решити проблем великих температурних разлика између дана и ноћи, који под површином воде није постојао.

Опстанак на сувом захтевао је и сексуалну револуцију. Мрешћење је идеалан иако расипнички облик подводног секса, али је бескористан изван воде, што се види на примеру сувоземних краставих жаба. Оптерећене техником својих чисто водених предака, оне морају да се паре у барама. Чак и пустињске крастаче морају да причекају са парењем док не падне киша и направи локве. Зато у врелим и сушним подручјима обично нема жаба. Међутим, пустињске шкорпије немају таква ограничења свог полног живота. Као и сви успешни колонисти, шкорпије су извеле револуцију парења и из ње изашле као љубавници који су потпуно ослобођени воде. Ипак, можда је мужјаков метод паковања семена пре него што га дотури женки изум његових водених предака, који су ту стратегију примењивали да би умањили расипање семена; ако је тако, онда им је потоњи излазак на копно био утолико лакши. Иако има и шкорпија које живе на влажним местима, чињеница да опстају и множе се у најсувљим пустињама на свету доказује да је њихова сексуална техника успешна. Неколико тренутака на врелом ваз-

духу било би довољно да исуши капљицу шкорпији-
ног семена и усмрти семене ћелије. Међутим, спако-
ване у капсулу, оне преживљавају све док не уђу у
влажан репродуктивни систем женке. Ове отровне
животињице усавршиле су свој полни чин више од 100
милиона година пре него што су наши гмизавски пре-
ци „измислили" пенис, који представља прелазак кич-
мењака на сувоземни секс.

Мужјак шкорпије није једина животиња која својој
женки поклања пакет семена. И многе друге животи-
ње су, независно једна од друге, измислиле сличан на-
чин парења. Неке пијавице – које су на злу гласу, као
и остале животиње које пију крв – примењују начин
парења који нама изгледа исто толико одвратан коли-
ко и њихов вампирски начин исхране. Узмимо, на
пример, пачје пијавице, које живе у усној и носној
шупљини пернате дивљачи, често у толиком броју да
угуше свог домаћина. Кад се пачја пијавица осети сек-
си, креће у потрагу за партнером. У поређењу са задат-
ком заљубљене шкорпије, њен љубавни чин је веома
једноставан. Нема сложеног обреда, нема додиривања
осетљивих тачака нити отвора у које треба угодити па-
кетић семена. Чим мужјак пијавице нађе расположену
партнерку, направи свежањ семена – који се стручно
зове сперматофора – и прилепи га било где на њено те-
ло. Сперматозоиди се пробијају до јаја на начин који је
веома болан. Сперматофора лучи материју која рас-
твара ткиво, што разједа женкину кожу испод сперма-
тофоре. Пакет са полним ћелијама мужјака полако
пропада кроз кожу и кад стигне у женкин „трбух", пол-
не ћелије се коначно распакују и размигоље се по уну-
трашњим органима, све док не стигну до јаја.

Има доказа да је овај лежеран стил вођења љубави
веома стар, јер парење путем лепљења примењује и
примитивна копнена животиња звана перипатус или
кадифасти црв, која настањује влажне шуме јужне хе-
мисфере. Перипатус не спада у животињске лепотане.
Дугачак је око 7–8 cm и на први поглед личи на сомо-
тастог црва, са двадесетак пари кривих ножица. Могао

би да прође као мешанац између глисте и стоноге и баш зато су зоолози толико опседнути њиме. Попут целаканта и новозеландског змаја званог туатара, перипатус је живи фосил – остатак из прошлости. Помогао је да се расветли однос између два различита кола животиња – кишних глиста и чекињастих црва с једне стране и, са друге стране, зглавкара, у које спадају инсекти стоноге, љускари и пауци. Развијенији зглавкари вероватно су настали од глистоликих предака, у време убрзане колонизације копна.

Мора да су тада постојала бића попут перипатуса, на пола пута између глиста, које се крећу испод земље, и инсектоликих животиња са ногама за брзо кретање по површини. Приликом истраживања фосила у једном комаду кречњака старом 500 милиона година, пронађен је фосил животиње назване *Xenusion*. Зависно од тачке гледишта, ова животиња је била глиста која хода или прототип стоноге – карика која недостаје и, у сваком случају, вероватно претеча инсектоликих животиња. Савремени перипатус је у много чему сличан ксенусиону, од којег је, можда, наследио своју старомодну технику парења.

Пут до срца женке перипатуса није кроз трбух, него буквално кроз њен крвоток. Једино што се тражи од мужјака јесте да прошета и да положи капсулу семена на тело женке. Уопште није важно где ће јој је прилепити – понекад капсула заврши на једној од њених четрдесетак здепастих ножица. Иначе, мужјак је прилично несмотрен приликом уручивања свог драгоценог поклона: прилази мужјацима или се удвара неплодним младим женкама, које му не могу дати пород. Биолози су дуго мозгали како семе доспева до женкиних јаја, све док нису открили да се њене беле цитофагне крвне ћелије окупе испод капсуле семена и ту прокопају пролаз у њеном телесном зиду. У међувремену се отвара дно сперматофоре и покретни сперматозоиди улазе у женкин крвоток, којим стижу до јајника. Кад пристигне довољан број сперматозоида, они проваљују у јаја. Као техника за извођење унутрашње оплодње, „прилепни" секс је неких 100 милиона година старији од шкорпијског „пакета услуга".

Ако нам парење перипатуса изгледа насумично, насумично је и парење нижих облика правих инсеката. Уствари, у њих је оплодња потпуно случајна. Узмимо, на пример, сићушне скокуне или земне буве, које су свеприсутне и невероватно многобројне. На једном јутру пашњака има и по 250 милиона скокуна. Неки живе чак на снежном Антарктику и на Хималајима, где се хране поленом који ветар доноси. Иако су прави инсекти, они немају крила, него се одбацују у ваздух слично бувама, уз помоћ јединственог система полуге уграђене испод репа. Удварање је једноставно. Мужјаку није потребно охрабрење од стране женке. Он оставља на стабљикама биља капљице семена, које изгледају као чиоде на јастучићу за игле. Како скокуни живе у збијеним редовима, кад-тад ће на њихове сперматофоре натрапати зрела женка; сперматофоре се распукну и она покупи семе док трља задак о распукнуту капсулу.

Што се тиче мужјака воденог скокуна, он већ бира партнерку. Од ње се разликује по томе што је много мањи, као и по грађи својих пипака, који имају изглед машица. Мужјак стане наспрам женке и ухвати се за њене пипке, па га она носа унаоколо на њима, као бик који на роговима носи полумртвог матадора, све док не дође време за парење. Пошто је избацио сперматофору, почиње натезање. Запињући из све снаге, мужјак превлачи своју кабасту драгану преко капљице семена, тако да га она покупи својом полном пором.

Изгледа да се блиски сродници скокуна, кићанконоше (Thysanura), забављају и играју за време парења. Већини нас познате су мале „сребрне рибице" или шећераши, као пошећерени сјајним сребрнастим крљуштима, незвани гости у нашим становима, које обожавају мрвице и књиге. Њихов сексуални живот је дискретно скривен. У присуству женке, мужјак одложи своју сперматофору, чији положај обележава тако што изнад ње испреде сребрне љубавне нити. Женка се провлачи испод њих, али стане чим леђима дотакне нит. То јој казује да се налази изнад сперматофоре, те она ритмички спушта трбух, све док својим полним отвором не погоди капљицу. Постоји једна врста кићанконоша чија љубавна игра је другачија: мужјак производи љубавне бројанице. Заљубљени мужјак закачи крај ниске за неки предмет, а затим је полако извлачи, полажући капљице семена као перле нанизане на конац. Не испушта конац, већ га натеже врхом репа, док истовремено обгрљује женку. Потом је благо гура уназад, све док она не удари затком у перлице.

У неку руку, и кићанконоше и скокуни су живи фосили, рани модели инсеката који су постојали далеко пре еволуције нама познатијих врста, као шо су пчеле, бубе и лептири. Многе од ових врста представљају наредну фазу сексуалне револуције, у којој мужјак убацује пакет свог семена у полни отвор женке. Да би то постигао, љубавни пар мора да оствари интимнији однос, који подразумева загрљај и генитални контакт. Помислићете да је то природан напредак, од усамљених скокуна који испуштају полне јастучиће за игле и њихових женки које на њих наскачу, до неке врсте сношаја – који чак и инсектима може представљати задовољство. Међутим, спајање инсеката у току полног чина нема благе везе са задовољством. Понављамо: једини разлог за напредак ка спајању партнера је биолошка ефикасност. Многе скокунове сперматофоре пропадну, а чак и женка шкорпија коју води „кавалер“ промаши по који пакет семена. Насупрот томе, непосредним уношењем у вагину или неку другу полну зону женке, мужјак даје свом семену много веће шансе да доспе до јаја. Већина инсеката и љускара достигла је ту фазу.

Док су инсекти крчили пут ка сопственом начину парења, мужјаци морских љускара су усавршавали бизаран метод парења ногама. Многи од нас уживају у укусу меких репова шкампа. Док су живи, ови релативно малиракови (у поређењу са хлаповима и јастозима) лепе су наранџастожуте животиње које живе у европском приобаљу. (У Ирском мору је уловљено 51.000 јединки ради научног утврђивања њиховог начина размножавања.) Свако ко је љуштио козице или покушао да разбије крабина клешта схватиће да је тело љускара – као и тело сваког зглавкара – грађено другачије од нашег. Изнутра је меко, а носећа конструкција им је споља, у облику оклопа. Стога шкампи – и мужјак и женка – личе на средњовековне витезове, од главе до пете заштићене непробојним оклопом. Сигурно се питате како се шкампи паре, кад немају отварач за конзерве. Е, па, шкампи повремено омекшавају. Ово се догађа за време њихових кратких периода наглог раста, кад одбаце тесну љуштуру и излуче еластичну нову одећу, која се после дан-два стврдне.

Мужјак шкампа се пари кад му је оклоп чврст, али га занима само мека женка, пуна јаја; женка показује своју спремност за парење тако што лучи узбуђујућу хемикалију. Мужјаци неких врста ракова чак помажу својој драгани да скине стари оклоп. Као и сви крупни љускари, женка шкампа није грађена за примање пакета семена директно у генитални систем; уместо тога, она их прима у нишу испод својих „груди". Овај „теликум" је, уствари, удубљење у кожи љускара. Кад је женкин оклоп чврст, овај отвор је притворен, те мужјак може да „уђе" само кад је његова драгана мека и податна. Он то ради тако што завуче ногу у њено одељење за сперму.

Мужјак шкампа је доказ да се ноге могу употребити у многе сврхе. Једне су мале и служе за приношење хране устима, а један пар је грађен као масивна клешта. Ноге испод „груди" су дугачке и танке и служе му за ходање, док му оне према репу углавном служе за пливање. Између ова два комплета, на средини тела, налазе се два пара кратких вретенастих плеопода; први пар плеопода је шупаљ, као сламке. Мужјак шкампа може да се похвали да има два пениса, леви и десни, који се налазе мало иза његових груди. Међутим, његови пениси нису дугачки, па зато, кад дође време парења, ове израслинице се затакну у основе шупљих плеопода – као људски пенис у ногавици панталона. Те „ногавице" продужавају домет шкамповог пениса. Други пар плеопода помера се унапред, да би укрутио „помоћни пенис" и помогао му да продре у женкину нишу.

Шкампи се паре ноћу. Мужјак прилази мекој женки с леђа и до двадесетак минута је глади пипцима. Затим је пажљиво опкорачи и преврне на леђа, тако да им трбуси дођу један наспрам другог. Потом опипава плеоподом и кад је заглавио ногу у њена врата, ејакулира сперматофору у своју „ногавицу" и једном до два пута замахне репом да је утера. Чин продирања траје мање од пет секунди. Кад женкин оклоп очврсне, њен „пупак" је пун пихтијастих пакета семена. Начин на који семе стигне до јаја још је нерасветљен, али могуће је да се између нише и јајовода привремено отвори пролаз, како би семе стигло на одредиште.

Слично се паре и крабе. Мужјак чак уме да зграби зрелу женку док је још тврда и носи је у клештима све док јој се оклоп не распукне. Кад постане мека и податна, мужјак се пари с њом, лицем у лице. Опремљен је шупљом ногом за парење, у коју ејакулира сперматофору. Затим утисне семе у женкин складишни простор, користећи други пар ногу за парење тако што их гурне у први пар, као клип пумпе за бицикл. За разлику од шкампа, чији полни чин траје врло кратко, крабе остају у љубавном загрљају и до пет сати.

Вилински коњици и њима сродне девице паре се поред бара и потока, на јединствен начин, техником која помало подсећа на њихове далеке сроднике, љускаре. Полни органи свих инсеката налазе се тамо где и очекујете – на крају затка. Међутим, мужјак девице никада не доживи то задовољство да свој задак прибије уз женкин. Он дословце сам себе „креше". Мужјак има пар резервоара испод трбуха, смештених иза тачке у којој су му ноге спојене са телом. Попут нише женке шкампа, ове бочице су удубљења у оклопу вилинског коњица. Кад нађе расположену женку, мужјак мора да се прво спари сам са собом. Подвивши задак под трбух, он ејакулира сперматофоре у свој резервоар, што је, безмало, функционалан облик мастурбације. Тек тада је спреман за женку. Летећи унатрашке према њој, он је ухвати за врат клештима на свом затку, тако да направе тандем – задак уз главу, при чему је мужјак усмерен унапред. Женка покупи сперматофору свог партнера тако што свој дугачак трбух савије готово у круг, да јој се вагина споји са његовим резервоарима семена. Неки вилински коњици све ово изводе у лету. Ова техника изгледа сложена, али помаже женки да јаја положи на воду или близу ње, при чему користи снагу мужјака, који јој помаже да маневрише горе-доле. Пошто свој задак користи да њиме вуче женку за врат, мужјак је морао да измисли привремено складиште за своју сперматофору.

Други инсекти примењују непосредније методе парења, иако се механизми спајања ради преношења сперматофоре много разликују, зависно од врсте. Узмимо, на пример, скакавце и зрикавце. Полни орган женке заштићен је рожнатим капцима, залисцима и поклопцима, те само мужјак њене врсте има прави кључ који га отвара. Скакавчев задак је прецизно конструисан да се забрави у женкин полни отвор, тако да његов пенис може да продре у њен мек вагинални канал и положи пакет семена. Из мужјаковог затка штрчи пар штапића, званих *cerci,* који му помажу да ухвати женку за трбух. Међутим, главне хваталке су два пара кука у корену његовог кривог пениса, које су размакнуте и тако обликоване да се закаче за једну од доњих плоча женкиног оклопа.

Кад скакавац добије знак „дођи, дођи", пење се женки на леђа и, обгрливши је са четири од својих шест ногу, спусти трбух тако да му задак дође испод женкиног затка. Ако је зрела, она отвара „капке" на затку и открива своју сићушну полну мету. У међувремену је скакавчево дугачко, цевасто срце, смештено у леђима, напумпало довољно крви да му изађе веома сложен пенис. Куке се закаче испод женкиног оклопљеног трбуха, док врх пениса улази у вагину и забрави се у каналу који води до спремишта за семе – или сперматеку. Сада је јасно зашто мужјак има крив пенис: такав му је потребан да би погодио њен вагинални отвор. Док су спојени, женка изгледа потпуно незаинтересована. Вуче за собом свога партнера држећи га затком за пенис и наставља да једе; и треба да једе, јер ће готово три дана остати спојена са мужјаком, а не живи се од љубави. Поред тога, њеним јајима је потребна исхрана. Преношење семена траје много краће, али је мужјаку потребно неколико сати да упакује своје полне ћелије и да, уз помоћ пениса, убаци пакет у женку. Ово је врло пипав посао, па зато парење скакаваца траје тако дуго.

Сперматофора крупног путничког скакавца дугачка је између 35 и 45 mm. Убрзо после почетка парења, жлезде у репродуктивном систему мужјака почињу да луче вискозну масу која формира основу цевчице сперматофоре. Уз помоћ мишића, ова танка цевчица се полако испружа кроз пенис и прилично замршеним путем пузи ка женкином приватном спремишту семена. Семе се убацује у цевчицу сперматофоре опремљеном једним мехуром – ејакулаторним мехом – који остаје у гениталном тракту мужјака. Притисак на ејакулаторну кесу потискује садржину ка самом крају цевчице, која је угурана у женкино тело. Њени телесни сокови почињу да растварају крај цевчице који јој је ушао у сперматеку, те се та њена бочица напуни семеном. Кад су се партнери заситили љубави, они се раздвајају, а сперматофора се прекине, па један њен крај остане у телу мужјака, а други у женкином телу. Он убрзо одбаци свој део, да би био спреман за ново парење, док женка раствори готово цео свој комад и избаци само део који је на самом улазу у полни отвор. Ово је важно, јер ће се семе ускоро повратити низ канал, да би нашло пролаз до јаја.

Још занимљивији су пакети семена које производи попац. Мужјак упакује капљицу семена у протеинску масу која има облик крушкасте кесице са репићем. У току парења, пенис убаци тај репић у женкин полни отвор. Чим сперматофора дође у контакт са течношћу у женкином организму, унутрашњи слој омотача „крушке" набрекне, вршећи притисак на семе и истискујући га кроз „реп" у женкину сперматеку. За разлику од скакавца, цврчак убацује целу сперматофору.

Остале разлике везане су за чињеницу да женка попца жељна секса много воли укус сперматофоре. Пакети семена су врло хранљиви, па женка не жали труда да их се дочепа. Пошто се љубавни пар раздвојио, обично из женкиног затка вири шири крај сперматофоре, а она је способна да га ишчупа ногама и поједе га пре него што семе истече у њено складиште. Овакав инсекатски фелацио је веома штетан по размножавање, па су мужјаци смислили разне начине одвраћања женкине пажње све док се не заврши процес излучивања семена у њену сперматеку. Мужјак кућног попца помно прати понашање женке после парења. Ако женка покуша да пре времена извади његову сперматофору, он је плаши тако што се трза напред-назад. У међувремену, почиње да производи нови пакет сперме – за сваки случај!

Мужјак попца *Oecanthus fasciatus* части своју драгану млечном посластицом пре и после парења. У току целе сеансе, он лучи ову течност из једне жлезде на врату, чиме намами женку да га зајаше – попци се паре тако што се женка попне мужјаку на леђа, а он јој утера полни орган одоздо и отпозади. Пошто јој је предао своју сперматофору, одржава јој пажњу тако што јој нуди неодољив љубавни напитак. Док му она лиже тело, њени резервоари за семе се пуне под унутрашњим притиском набрекле сперматофоре. Мужјак шумског попца развио је сличну стратегију, али му женка лиже ноге, јер је он замајава нудећи јој укусну посластицу из пара оструга на задњим ногама.

Нама, који се „палимо" на меко, топло тело, свиласту кожу и изражајно лице, инсекти изгледају као

61

да су дошли из безосећајног света научне фантастике. Кад попац погледа своју невесту, нема задовољног осмеха да му озари лице, нити њу запљусне талас емоције док прима упаковано семе свога љубавника. Потпуно су безизражајни, као да су изливени од пластике и покретани механизмом за навијање. Док се паре, многи инсекти и подсећају на механичке играчке. Међутим, упркос њиховом хладнокрвном изгледу, инсекти су и те како предузимљиви кад је реч о сексу! На нашој планети има око милион разних врста инсеката, а потпуни преглед њихових сексуалних акробација и оруђа испунио би читаву полицу дебелим књижуринама.

Узмимо, на пример, сићушне воћне мушице, оне које се научно зову *Drosophila*, што значи „које воле росу", због тога што се хране соковима биљака у врењу. Треба вам лупа са великим увећањем да бисте посматрали њихово парење. Чланови ове велике породице воде љубав на толико начина и у толико разних положаја да би, у поређењу са приручником о њиховом парењу, *Кама сутра* и *Мирисни врт* изгледали као читанке за први разред основне школе. Грациозни воден-цветови паре се у лету, а гротескне бескрилне грбаве осе имају дугачак полни орган којим дефлоришу девицу „на невиђено", кроз зид њене спаваће собе дубоко у шишкама смокве. Мужјаци стеница имају пенисе као игле за ињекције, па се дословце завлаче женкама под кожу и убризгавају им семе директно у крвоток, слично методу који примењују кадифасти црв перипатус и неки морски мекушци. Међутим, што се тиче конструкције пениса, нема тог инсекта који се може мерити са бувом. Миријам Ротшилд, истакнути светски стручњак за буве, написала је да је полни апарат мужјака буве најсложенији полни орган у читавом животињском царству. При погледу на такав невероватно непрактичан апарат, сваки инжењер би рекао да је неупотребљив, али најчудније је што он и те како функционише.

Кунићка бува, коју је гђица Ротшилд проучила, има запањујући полни живот. Буве оба пола срећно живе заједно на ушима кунића, али не мисле на љубав све док њихов домаћин не осети сексуални немир. Разлог је једноставан: да би обезбедиле опстанак својих младих, а тиме опстанак наредног нараштаја, женке буве морају да снесу јаја у гнездо женке кунића кад се окотила. Стога је циклус размножавања буве синхронизован са циклусом размножавања домаћина. Бува темпира свој циклус према ритму репродуктивних хормона женке кунића. Док се женка спарује, уши јој се напуне крвљу и много су топлије него иначе. Буве се изузетно узбуде и почну да скачу тамо-амо између љубавника. Међутим, како се у женкиној крви убрзо повећа концентрација полних хормона, све буве брже--боље напуштају мужјака и прескоче на женку. Тако

...уши јој се напуне крвљу

мужјак ем „скине мрак“, ем се ослободи паразита на рачун женке, на којој буве остају све до њеног окота. Потом им њене хормоналне промене наложе да се преселе на њен накот и тек ту се паре.

Пошто су се напиле крви младунаца, која можда садржи хормоне раста, буве се нагло заинтересују за секс. Мужјаци су много мањи и можда слабији пол. Кад је спреман за парење, мужјак приђе својој бољој половини, крећући се у цикцак, скочи јој међу ноге, па је заметне себи на леђа. Затим је обухвати својим укрућеним пипцима, па отпозади заглави хваталке у њен задак. Ови органи за прихватање и држање начичкани су страшним бодљама и кукама, те није нимало чудно што, у току 20–30 минута парења, често озбиљно озледе женку. Кад се чврсто углавио, мужјак ставља у погон свој запањујуће сложен полни орган.

Нико није успео да тачно установи како функционише полна опрема буве. Конструкција полних органа је до те мере запетљана да је један амерички зоолог, који их је дуго проучавао, у очајању изјавио да је читава ствар потпуно бесмислена. Бува има позамашан пенис, али је нејасно зашто је постао сувишан као орган за уметање. За разлику од пениса већине инсеката, бувин пенис није укрутљив и све време је скривен у мужјаковом затку. Он овај очигледно бескористан орган надокнађује другим оружем, двоцевном справом која се састоји од два паралелна „пениса“ у облику штапића. У току парења, оба пениса излазе из мужјаковог затка, одмотавају се као опруге часовника и продиру у женку. Прво јој уђе онај дебљи, који се забрави у посебном одељку дубоко у њеном разуђеном гениталном тракту и који служи као вођица за тањи штапић, који продире још дубље. Ни поступак преношења сперматофора није нимало једноставнији. Према опису који је дала Миријам Ротшилд, семе се намота на врх тањег пениса, као шпагети на виљушку. Овај пенис прође кроз један прорез на кашикастом врху дебљег пениса, као кад конопац прелази преко витла. Дебљи пенис улази у женкину *bursa co-*

pulatrix, у коју се прецизно упасује, па спроводи тањи пенис у тесан канал који води до њеног спремишта за семе. Још није познат начин на који пенис одлаже семе у сперматеку кроз овај канал.

С обзиром да је пред мужјаком буве једноставан задатак – да оплоди женку, метод оплодње нам изгледа непотребно компликован. Већина мужјака инсеката постиже добре резултате једним јединим укрућеним пенисом, а буве су ипак измислиле двоструки пенис. Још увек није одгонетнуто како и зашто се развио овакав апарат.

Према нашим мерилима, многи инсекти се паре на перверзан начин. Мужјаци једне пчеле, *Centris pallida*, која живи у пустињским пределима САД, толико су жељни секса да копају и рукама и ногама како би се дочепали женке. Ларве ових пчела прелазе у стадијум лутке под земљом. Из чаура се прво извале мужјаци, који одмах почну да копају тунел према површини. Чим изађу, орни су за тучу и секс – али убрзо схвате да напољу нема женки. Зато сваки трут узлети и крстари на висини од неколико сантиметара изнад тла, све док не нањуши замаман мирис женке који се извија из земље. Ово га начисто распамети, па пада на земљу као крушка и почне да копа на месту где је мирис најјачи. Разгрћући растреситу земљу предњим ногама, он се пробија надоле, све док не допре до тек излежене девице која се невино пробија према површини. Не часећи ни часа, мужјак је зграби и однесе у најближи жбун, где је оплоди.

Пчелињи мужјаци нису једини брзојеби инсекти. Мужјаци новозеландског комарца *Opifex fuscus* имају на затку неку врсту пинцете, коју користе као акушерски форцепс. Пркосећи смрти у води, они стражаре на ивици баре или локве, пазећи на лутке под површином воде. Већина мужјака стрпљиво чека да се њихове драгане извале, развију прозрачна крила и испруже шест елегантних ногу, па их тек онда спопадају. Међутим, *Opifex fuscus* није стрпљив: мужјак преузима улогу бабице, па својим уграђеним форцепсом просеца лутку да би ослободио довршену али још увек згужвану женку, и на лицу места је оплођује.

Orygia splendida, сродник губара, „носи шњур" што се тиче перверзног парења; са људског гледишта, настраност мужјака личи на педофилију. Он изгледа као нормалан мољац са два пара лепих крила, али је женка далеко од лепотице. Она и не стигне да одрасте, јер постаје плодна у фази ларве, док је још затворена у чаури. Не појављујући се на светлости дана, она мами мужјаке својим неодољивим мирисом. Кад се напољу нађе прави мужјак, његов узбудљив мирис изазове женку да прокопа рупу у чаури и пусти га да уђе, где онда воде љубав „у шифоњеру". Потом он одлеће да нађе другу лолиту, док она положи јаја и угине, а да није ни крочила изван чауре.

Мада ове сексуалне навике изгледају бизарне, оне су само резултат такмичења између мужјака да што пре нађу женку и спаре се. Мужјаци не само што се упорно удварају, него не пропуштају ниједну прилику да се паре. Супербрзи мужјак који се намерачио на плодну женку још пре него што се излегла претећи ће своје супарнике, те ће се његови гени – а тиме и његове сексуалне навике – пренети на наредни нараштај, на жалост споријих такмичара.

Стога су неке врсте гриња развиле не само превремени секс, него и родоскрнављење. Полни живот гриња је веома разноврстан. Као и крпељи, ове паразитске животиње нису инсекти, него су у сродству са пауцима. Неке врсте гриња су прави копулатори, неке имају помоћне пенисе, док се неке паре ногама, попут љускара. Крпељи уопште немају „алатку", али се сналазе, и то на језив начин. Кад мужјак наиђе на женку чија глава је заривена у домаћина, а тело јој се надуло од крви, он „силази у подрум". Завуче јој своју рилицу у гениталини канал и почне да га проширује. Кад се њена рупица довољно проширила, он се окрене, стави своју сперматофору у отвор и угура је ногама и устима. И парење гриња може бити сурово, јер мужјаци неких врста имају пар чудовишних ногу – хватаљки за држање женке у току парења. У случају гриња које проводе живот и воде љубав у меком паперју кукувије, мужјак тако крвнички стеже женку за време парења да она остаје ушинута до краја живота. Ови моћни симболи мужевности се у потпуности развијају само ако се мужјак парио пре него што је сазрео. Мушки младунци гриње који не успеју да се на време спаре плаћају високу цену за своје неженство, јер остају закржљали.

Мужјаци мољчевих гриња – *Pyemotes herfsi* – ништа не препуштају случају, него играју двоструку улогу, бабица и љубавника својих сестара чим се ове излегу уз помоћ мужјака. Женке живе као паразити на гусеницама мољаца и као и многи други паразити, производе већ формиран подмладак. Новорођени мужјаци немају жељу да иду од куће, већ се, условно речено, држе мајци за кецељу; чак јој буше ткиво да би дошли до хранљивих телесних течности. Код куће их не задржава лењост, нити осећања: чекају да својим сестрама покажу братску љубав. Излажење мужјака нимало не привлачи остале мужјаке, али чим се из мајчиног порођајног канала промоли глава женке, њена старија браћа ступају у дејство. Најбржи брат се баца на посао – помаже јој да изађе тако што почне да је извлачи, одупирући се задњим ногама, све док је не ишчупа из мајке. Пошто и овде важи начело „ко први девојци, његова девојка“, тек рођена женка гриње изгуби невиност са једним од своје браће готово пре него што је ногама дотакла тле. Женке немају времена за бацање, јер морају пронаћи новог домаћина – гусеницу – у року од пар дана, па им одговара да се што брже спаре.

Ово не исцрпљује довитљивост гриња у погледу стратегије парења. У једне врсте гриња, супарништво између мужјака око вођења љубави са сестрама довело је до још бржег парења. До недавно је сматрано да ове гриње немају услове да се квалификују за сексуални шампионат, јер немају мужјаке. Изгледало је да су женке осуђене на целибат и да се размножавају без парења. Случајно откриће једног побаченог мужјака навело је научнике на темељитије истраживање и охрабрило их је да пажљивије загледају шта се догађа у утроби трудних женки. Дошли су до запањујућег открића да се ове грење паре још у мајчиној утроби! Испоставило се да женке уопште нису лишене мушког друштва и да су, још пре него што дођу на свет, већ имале довољно пренаталне интимности да им траје цео живот. Њихова браћа, пак, уопште на излазе у бели свет. Њихове авантуре своде се на вођење љубави са својим сестрама, што они чине на најудобнији начин: одбијају да се роде, јер им више одговара да воде родоскрвни живот у мајчиној материци. На крају крајева, што би чекали напољу, на хладноћи, да повале по коју сестру, кад их могу све редом безбедно подмирити у мајчиној утроби, још док нису сишле са монтажне траке? Иако нам пренатални секс може изгледати неукусно, он је елегантан резултат журбе мужјака грење да први оплоди своје сестре и остави супарнике далеко за собом.

За разлику од грење, пужеви не журе. Сувоземни пужеви пакују своје семе у рожнате пакетиће. Узнапредовали су у техници спакованог секса, а увели су и неколико посебних трикова. Ови мекушци су хермафродити – *сваки* пуж производи пакете семена и има и женски полни отвор. Пошто има и мушке и женске полне органе, помислили бисте да пуж води узбудљив живот комплетног љубавника коме није потребан партнер; међутим, у купусишту се самопослуживање односи само на храну, а не и на секс. Љубавним животом пужа управља математичко начело да два иде у два. Кад пужу забриди „она мушка ствар“ и истовремено осети чежњу у вагини, он креће у потрагу за слично настројеним пријатељем.

Да би се обавила обострана оплодња, пужеви морају један другом да приђу десним боком, због чисто анатомског разлога. Наиме, већи део пужевог тела је готово увек сакривен у кућици, а тако чврст оклоп ће обесхрабрити сваког љубавника. Баштенски пуж је пребродио ову фрустрацију тако што је своју полну опрему преместио на отворени део тела, тамо где бисте очекивали да нађете десно уво – малчице иза и испод десног „рога“, тј. стабалца десног ока. Да би могли да се узајамно оплоде, пужеви морају да поравнају своје ерогене зоне, а то постижу после пужевски брзог удварања. Кад се нађу лицем у лице, партнери један другом истражују десни бок, уживајући у обилатој слузи, а затим крену да један другом јуре реп, клизећи укруг по свом слузавом трагу. После неколико кругова, заљубљени мекушци заузимају положај за парење, врат уз врат, и излажу своје набубреле полне органе.

Сигнал да га један другом „звекну“ је убод љубавном стрелицом, што је помало садомазохистички. Сваки пуж носи у својој вагиналној шупљини једно кречно копље дужине око 8 mm, које користи као стрелу из Купидоновог лука. Кад је пужу доста предигре, па пожели да пређе на главну ствар, он забоде своје љубавно копље у голи бок партнера. Партнер задрхти од ударца – или од узбуђења – и ако је довољно напаљен, узврати забадањем свог копља у партнерово тело. Можда ова копља са повратним зупцима уствари служе да држе клизаве партнере заједно док њихови полни органи узајамно траже мету; пошто су се пужеви узајамно стимулисали, они један другом утерају у вагину изузетно набрекао пенис, после чега остају спојени више од 12 часова, колико је потребно да размене сперматофоре. Није нам познато да ли, с обзиром на своју двојну сексуалност, пужеви осећају дупло задовољство, али кад би имали оргазам као ми, доживели би га најмање четири пута.

Парење голаћа је слично, мада се неколико врста пари у великом стилу. Неке врсте голаћа воле комфорно парење, па направе слузаву постељу или чауру и у њој се спаре. Можда им ова обилата лепљива излучевина пружа допунску заштиту од грабљивица док су у љубавном заносу. Можда су се баш зато аустралијски пегави пужеви специјализовали за висећи секс. Љубавни пар се састане у жбуњу и шипражју.

После споре љубавне јурњаве, сваки партнер почне да уплета нити слузи и да их качи о неку гранчицу или лист. Затим се оба партнера спуштају, сваки низ своје испреплетане љубавне нити, љуљајући се као артисти на трапезу, све док се не споје и обаве полни чин у ваздуху.

Међу пужевима има и других необичних начина парења. Доказано је да су крупни црни голаћи, који повремено излуђују баштоване, понекад способни да сами себе оплођују; иначе, у неких морских пужева самооплодња је нормална појава. С друге стране, морски зец, који личи на великог зеленкастомрког голаћа, упражњава групни секс, при чему учесници формирају копулаторни ланац. Свака животиња се понаша као мужјак према оној испред себе, а као женка према партнеру иза себе. У барицама и локвама које заостану после плиме вреба морски голаћ по имену *Actaeonia cocksi*, који има онај исти непријатан обичај који је запажен у стеница: његов пенис има једну опаку шупљу бодљу, која пробија телесни зид партнера и преноси семе ињекцијом. Неки голаћи су чак прешли на паразитски начин живота, те су им и тело и полни живот крајње упрошћени. Врста под називом *Entoconcha* живи са главом заривеном у крвне судове морског краставца. Уопште не личи на пужа голаћа, већ на глисту дугачку 8 до 10 cm; већина његовог тела састоји се од јајника и јајне кесе, у којој се налази двадесет патуљастих мужјака, дословно сведених на сићушне тестисе.

Најразвијенији чланови породице мекушаца, сипе, лигње и хоботнице, развили су врло занимљив стил парења – разрађен облик пакованог секса. Тешко је поверовати да је, у основи, грађа живахне лигње једнака грађи пучице и волка. На први поглед, разлике међу њима су много уочљивије од сличности. Лигње су ефикасни пресретачи са погоном на водени млаз, способне за нагло убрзање. Имају добро дефинисану главу и вид оштар попут људског. Свесне су своје околине, захваљујући позамашном „мозгу“. Око уста имају гипке ручице, или пипке, којима хватају плен и истражују околину. У погледу технике парења, лигње и њихови сродници не само да се разликују од пужева и шкољака, него су јединствен случај у животињском свету. На врхунцу полног чина, заљубљени мужјаци неких врста подмећу пред женкино лице експлозивне направе пуњене семеном, што постижу спретним радом руку.

У сезони парења, лигње се окупљају у великом броју на помискуитетним „журкама“. За разлику од већине својих сродника пужева, оне нису хермафродити; лигње се деле на два пола. Мужјаци су врло довитљиви у приступу партнеркама, те су женке, за сваки случај, предвиделе алтернативна места за пријем пакета семена. Приликом пуног чеоног судара, кад се мужјак и женка сударе главама и испреплету пипке, мужјакова мета је дубока ниша у средини женкине розете пипака – одмах испод њеног папагајског кљуна. Мужјаков пенис, који му виси испод трбуха, потпуно је неупотребљив за његов наум, тј. да женки „сврши у лице“, па је зато један од његових пипака преузео задатак преношења пакета семена. Кад се довољно надражи, мужјак избаци неколико сперматофора на „длан“ своје доње леве „руке“ и баци их према женкиној „бради“, као кад би, усред страсног загрљаја, мушкарац завукао руку у панталоне, извадио грозд банана и поднео га жени под нос.

Међутим, овај мужјаков поклон му дође као кад некоме поклоните експлозивну цигару: његове сперматофоре у облику торпеда експлодирају испред женкиног лица. Прецизно су темпиране да експлодирају непосредно испред ње. Сперматофоре обичне лигње, *Loligo*, дугачке су око 16 mm. Мужјак дневно произведе по дванаестак ових „бомбица“ и складишти их у свом репродуктивном тракту, те може да уђе у сексуалну оргију са арсеналом од чак 400 „бомбица“. У основи, његова сперматофора је туба са унутрашњим омотачем пуним густог семена. У грлићу унутрашњег омотача налазе се громуљица лепљиве масе и једна нит у облику опруге, која одржава притисак у капсули. Спољашњи омотач, туба, завршава се поклопцем. Кад сперматофора изађе из мужјаковог полног отвора, поклопац попусти и ослободи унутрашњу опругу. Ово „активира иницирајућу капислу", тако да, док „бомба" стигне пред женкино лице, грчење спољашњег слоја капсуле изазове притисак који, приличном брзином, истисне садржину кроз грлић. Ако је мужјак добро нанишанио руком, семе се ејакулира у удубљење на женкиној бради, где га лепак, који је први излетео из капсуле, прилепи за њене жлезде.

Други метод осемењавања је још бизарнији. Наиме, мужјак набија своје пакете женки у нос. Одмах испод лигњине главе налази се левак који води у једну већу шупљину – као простор између предње стране капута и трбуха. Ту се налазе полни отвори и шкрге и лигња, да би дисала, одржава сталан проток воде кроз ову шупљину. Мужјак који је наумио јој уради „оно" у нос, плива напоредо са женком. Обгрливши јој главу својим пипцима, он „руком" захвати прегршт запетих сперматофора, завуче јој их кроз левак у шупљину и ту их неколико секунди задржи у њеном јајоводу, док не експлодирају. Садржина капсула се прилепи и остаје унутра, понекад и на њеним шкргама, све док женка не положи јаја. Оплодња је спољашња.

Сексуални успех мужјака лигње не зависи само од спретности руке, него и од тога што је његова рука за парење, *hectocotylus,* нарочито подешена за руковање капсулама семена. Хектокотилус обичне лигње се не разликује много од нормалног пипка, али, у неких врста, има лепљиву жлездасту опну уместо сисаљки.

Хоботнице имају веома сложену опрему за парење, али изведену из треће десне руке. Врх је обликован као кашика и са основом руке је спојен једним жлебом, који служи као семевод. Мужјак хоботнице припрема своју драгану за парење тако што је опрезно пипка рукама. Пошто ју је помиловао својим оруђем за парење, он јој га завуче у шупљину у плашту и испали капсуле семена низ жлеб, тако да оне доспеју до улаза у њен јајовод.

Многи људи верују да су хоботнице дивовска чудовишта која вребају у сатанским пећинама на дну мора и користе сваку прилику да шчепају пливача и одвуку га у мрачне дубине. Можда таква чудовишта и постоје, али већина хоботница је много мања, а неке, као што је *Ocythöe*, чак би могле улепшати снове мале деце. *Ocythöe* спада у фамилију аргонаута, који проводе живот пулсирајући у планктону, готово као медузе. Одрасла женка *Ocythöe* је дугачка 30 cm, док је мужјак прави патуљак, велики једва преко 1 cm, који живи „под стакленим звоном" – крије се у провидним омотачима морских плашташа, пошто је из њих избацио садржину. Упркос својим сићушним размерама, он се према својој огромној драгани понаша као прави „мачо", јер има изразито развијен орган за парење. То је најдужа од његових осам руку, а врх јој је изведен у танку нит, која остаје смотана у једном „џепу" све док не дође време да се употреби. Мужјак не сме да се лакомислено упушта у сексуалне авантуре; чува се за праву ствар, јер има само једну прилику за вођење љубави. Кад се мужјак и женка сретну, мужјак извади из џепа своју полну руку и, држећи у њој сперматофоре, гурне јој их кроз „носни канал" у шупљину у телу. Потом му рука отпадне и ушкопљени мужјак отплива, док његова отпала полна рука и даље млатара у женкином телу.

Присуство ових необичних ствари које се копрцају у телу женке није одувек повезивано са полним животом хоботнице. Грчком филозофу Аристотелу било је познато необично сексуално понашање лигњи, па је чак упоређивао функцију њихових специјалних руку са функцијом пениса, али није знао да отпадају. Више од две хиљаде година после њега, ово није знао ни истакнути француски научник барон Кивије. Он је испитивао кончаста бића са сисаљкама која су вирила из јајовода женки аргонаута и сложио се са тадашњим општеприхваћеним мишљењем да је реч о паразитским црвима. Зато их је крстио *Hectocotylus octopodis*. Тек 1845. године, швајцарски научник Алберт Келикер приближио се стварном стању ствари, изјавивши да су ова црволика створења уствари патуљасти мужјаци који живе у својим релативно огромним женкама. Пустивши машти на вољу, он је чак описао анатомију мужјака, са крвним судовима, пробавним системом и дисајним апаратом. У томе је погрешио, јер је права истина о аргонауту – или папирном наутилусу (једрилцу) – још невероватнија, а њу је, 1853. године, случајно открио Хајнрих Милер, који је уловио неколико мужјака ове врсте у Месинском теснацу.

Није чудо што су мужјаци аргонаута толико дуго остали неоткривени. Иако је женка дугачка 30 cm, са љуштуром која изгледа као да је од папира, мужјак је патуљак од једва нешто више од 1 cm. Личи на обичну хоботницу, осим што на глави има огромно испупчење, у којем држи свој највећи орган, дугачку руку за парење. Мужјак се пари „преко пуномоћника", слично неким чекињастим црвима. Док мужјак сазрева, у његовом специјалном пазуху слажу се сперматофоре и кад наиђе женка, рука искочи из цепа. Затим, као у научнофантастичном филму, одмотани хектокотилус се откида од мајушног мужјака и завијуга према женки. Педесетак сисаљки на руци за парење помажу му да остане причвршћен за женку све док семе не оплоди јаја у њеном „папирном" оклопу. Наравно, оно што су Кивије и Келикер видели на женкама аргонаута биле су руке за парење, а не паразитски црви, али се ове руке и даље називају хектокотилус.

Према нашим мерилима, начин на који се ове морске животиње паре заиста је необичан. Наравно, нема сврхе упоређивати људе и мекушце, с обзиром на огромне разлике између њих, али се сексуална стратегија мекушаца, са њиховим пакетима, љубавним стрелицама и рукама за парење, показала као добра алтернатива нашим методама вођења љубави. Као група, ове животиње су изузетно успешне, како у води, тако и на сувом. Чак је могуће да су, у далекој про-

74

шлости, и наши преци – док су још увек водили љубав у мочварама и рекама – упражњавали паковани секс. На ово указују репати водоземци као што су мрмољци (тритони) и даждевњаци, који су прави мајстори у завођењу.

Иако највећи део живота проводе ловећи црве и бубе на сувом, мрмољци се паре у води. Њихов подводни секс много подсећа на шкорпијски, али с једном великом разликом – полови се сретну, али се једва дотакну. Заљубљени мужјак који жели да пренесе сперматофору примамљује женку еротским мирисом и милује јој тело таласићима воде.

У пролеће је мужјак мрмољка прави лепотан, ишаран тамним мрљама, са високом ројтастом крестом на леђима. Он покушава да свакој женки коју је нањушио прикаже своје мушке украсе, тако што се препречи испред ње. Ако је женка расположена, мироваће док јој се он удвара тако што јој, трзајима репа, набацује у лице мирис из жлезда са своје коже и из клоаке*. Одржавајући струју намирисане воде, мужјак полако креће напред, а за њиме пође опчињена женка. Кад га стигне, она удари у његов реп, што му је сигнал да стане. На то мужјак подигне реп и избаци издужену белу сперматофору са громуљицом лепка на једном крају. Затим крене корак-два напред, па се опет препречи испред ње, како би је навео да пређе преко места на којем је избацио пакет. Ако је женкина клоака набубрела и ако она успе да клоаком пређе преко сперматофоре, покупиће је и увући у свој полни орган. У просеку се мање од половине сусрета (43%) заврши успешном оплодњом. Међутим, пракса много значи, тако да, у трећем покушају, готово две трећине парова успешно обаве посао. После сваке љубавне сеансе, мрмољци морају да испливају на површину, јер им, као и нама, треба ваздух.

---

* Клоака, коју имају рибе, водоземци, птице и гмизавци, није само полни отвор, него и заједнички отвор за исметање отпадних материја из црева и бубрега.

Овај секс „без пипања" који упражњавају европски мрмољци је елегантан маневар у поређењу са оним што ради северноамерички шарени даждевњак, који се упушта у оргију групног секса. По четрдесет до педесет јединки окупи се у некој шумској бари и кад узбуђење достигне врхунац, површина воде просто проклуча од њиховог прћакања, а мужјаци полажу сперматофоре у гомилицама, не бринући да ли ће их икоја женка покупити.

Ако је жабама довољно да се чврсто споје и мресте, питамо се зашто су мрмољци, који живе сличним животом, прешли на унутрашњу оплодњу путем спакованог секса. Сперматозоиди који подносе морску воду не подносе тако добро слатку, па би слатководним љубавницима њихово умотавање у неку врсту пакета могло бити од користи. А ипак, жабе и мноштво риба су врло успешне у просипању својих полних ћелија у воду. Можда је разлог текућа вода. Наиме, многи мрмољци и даждевњаци се паре у брзим потоцима, те постоји опасност да им вода однесе семе. Системом преношења сперматофора и унутрашње оплодње тај проблем је успешно решен, а поред тога, женка може да се бави полагањем јаја а да је за то време мужјак не дави својим загрљајем.

Европски шарени даждевњаци су у овај начин парења унели и мало телесног контакта, тако да могу водити љубав на сувом. Ради самозаштите, ови дречаво шарени црно-жути даждевњаци имају отровну кожу, али им то не смета да се грле. Пошто је положио своју сперматофору, мужјак чврсто обухвати женку око карлице и навуче је на сперматофору, како би је она усисала усминама своје клоаке. И многе друге врсте примењују овакву тактику, при чему обухватају женку својим веома мишићавим предњим ногама. За разлику од њих, мужјак црног планинског даждевњака пребацује преко женке једну ногу, опремљену бодљикавим јастучићима и остругама ради бољег приањања уз њена леђа. Црни даждевњак ужива у хладнокрвном сексу, при чему мужјак, са репом оба-

вијеним око женкине карлице, уметне своју сперма-
тофору директно у њену клоаку. Мужјак нема пенис,
па се зато споје набубреле усмине њихових полних
органа и тако помогну преношење сперматофоре.
Значи, посао се оверава клоакалним пољупцем.

Дакле, даждевњацима недостаје још само један ко-
рак до открића пробојне моћи пениса.

ГЛАВА ШЕСТА

МОЋ ПЕНИСА

Пенис је од пресудне важности за наш интиман стил вођења љубави. Иако га носе мушкарци, фалус је орган за оба учесника у игри парења. Удобно уденут у вагиналну шупљину у току полног односа, он спаја љубавнике, а у пружању и примању узајамног задовољства има функцију еротског *џојстика*.

Првобитна сврха пениса није била да ствара задовољство. Био је оруђе које је нашим гмизавим прецима помагало да реше проблем парења на сувом. Гмизавци су измислили јаје са тврдом љуском да би заштитили ембрион у течној средини све док не дође време да се излегне. Међутим, требало је оплодити јаја пре него што се упакују и запечате. Стога су сперматозоиди морали да се састану са голим јајима у дубини репродуктивног тракта женке. Да би им у томе помогао, мужјак је развио штрцаљку која може да продре дубоко у хладнокрвну женку и да тамо убаци сперматозоиде. Тај „изум" омогућио је гмизавцима да стекну статус сувоземних љубавника. Ово је баш фино решење проблема унутрашње оплодње, па зато треба да будемо захвални што су наши преци кренули тим путем. Што се тиче полне опреме, ми, мушкарци, могли смо много горе проћи, јер је било и других путева, који су водили у разним правцима; на пример, проблем преношења неупакованог семена може се решити и без пениса – као што то раде рибе.

Мрачне дубине Мозамбичког канала богато су ловиште за риболовце са Коморских острва. Испловивши на пучину у својим чамцима од издубеног дебла, они бацају мреже и спуштају намамљене удице на ду-

Ми, мушкарци, могли смо много горе проћи

бину од неколико стотина метара. Врло ретко, удицу загризе једна необична риба са перајима у облику кићанке и, наравно, заврши на најближој пијаци. За мештане је целакант само храна, али зоолози, ако им се укаже прилика, користе ову рибу у научне сврхе, јер је целакант представник риба које су живеле кад и диносаури. До недавно се сматрало да је њен полни живот типичан за многе рибе. У једној женки, уловљеној 1972. године, нађено је 19 јаја величине поморанце, па је, с обзиром да мужјаци немају ништа што личи на справу за осемењивање, закључено да се парови спајају и мресте на начин који је веома сличан парењу бакалара. Друга женка, уловљена деценију пре тога, чувала је кључеве истине о начину парења целаканта. Овај примерак од 65 kg дуго је чамио у Америчком националном природњачком музеју пре него што је, на столу за сецирање, открио своју тајну. Кад је отворен трбух, у јајоводу је нађено пет добро развијених ембриона. Како ли је мужјак то постигао без пениса? Одговор на ово питање још увек лежи стотинама метара дубоко у океану.

Ни мужјаку туатаре нема шта да се дигне док се удвара женки. Туатаре су примитивни гмизавци налик на гуштере, а настањују неколико острва око Новог Зеланда. Ови змајеви, дугачки као људска рука, који у сезони гнежђења деле станиште са морским птицама, преко дана мирују. Али кад зађе сунце, острва изгледају као да су зачарана – посвуда се оре крици бурница, које журе да замене свога пара на јајима. Тада туатаре излазе на прохладан и влажан ваздух да лове поппе и крекећу љубавне песме. Парење и пренос течног семена обавља се путем клоакалног пољупца – ни овде мужјаци немају пенис. Чим мужјак штрцне семе на клоакалне усмине женке, сперматозоиди су способни да се узверу уз њене јајоводе и оплоде јаја.

И већина птица мора да се задовољи оваквом тактиком. Осим ноја и патака, гусака и лабудова, мужјаци птица уопште немају пенис. Међутим, недостатак опреме за убризгавање не смета им да упражњавају секс. Птице изгледају врло неспретно приликом парења, па се често питамо како уопште успевају да тако прецизно споје своје набрекле и на наличје преврнуте полне отворе ради оплодње. Крут пенис би сигурно олакшао посао петлу, који мора да истовремено балансира на коки и згрби се како би остварио клоакални пољубац са својом пернатом драганом. У већине врста, преношење семена траје свега секунд или два. Можда њихово подуже и лепо удварање помаже мужјаку и женки да постигну савршену сарадњу у тешком маневру парења „на брзака“.

Већина развијених животиња развила је начине сигурног вођења семена право до полних ћелија женке. Као што смо већ видели, неке животиње (нпр. инсекти и мекушци) које пакују семе, преносе своје капсуле уз помоћ набубрелих или истурених полних органа. Укрутљиви пенис смештен међу ногама мушкараца и наших длакавих сродника само је једна од мноштва справа којима се решава проблем убризгавања семена у женку. Вероватно најуврнутији метод је онај који примењују пауци – они се паре песницама! Кад би пауци могли да се врате у конструкторски биро, конструктори би сигурно преправили полни апарат мужјака, јер сада изгледа непотребно компликован. Иначе, ако бисмо питали паука, одговорио би да му његова апаратура и техника савршено одговарају, јер његов секс има најмање три нивоа.

Са обе стране својих ужасних вилица, пауци имају по пар „пипака" или палпи, а њихови врхови су у мужјака веома задебљани, као боксерске рукавице. Њихова улога није да нокаутирају женку, него да уштрцају семе у њен полни отвор; палпи су грађени слично

Прави пут до женкиних јаја

пумпицама налив-пера – течност се усисава и истиску-
је отпуштањем и стискањем пумпице. Пре него што
мужјак узме свој љубавни живот у своје руке и почне
да јури женске, мора да напуни песнице семеном –
овај поступак се назива индукција семена. Да би ово
учинио, заљубљени паук исплете висећу лежаљку, чија
сврха је да хвата капљице семена које истичу из пол-
них пора испод његовог трбуха, што подсећа на „свр-
шавање у марамицу". Потом замочи отворене завр-
шетке својих помоћних органа за парење у барицу
ејакулиране течности и усисним дејством уграђених
„пумпица" увлачи је у посебно спремиште. Индукција
семена уме да потраје – тропским пауцима величине
људског длана, који лове птице, за ово је потребно и
до четири сата. Тек тада наступају прави проблеми за
мужјака, јер треба навести женку да му дозволи да јој
завлачи песнице у трбух.

Паукова љубав скопчана је са опасношћу. Много
проблема ствара му чињеница да се мора удварати
својој изабраници и парити се са њом на мрежи коју

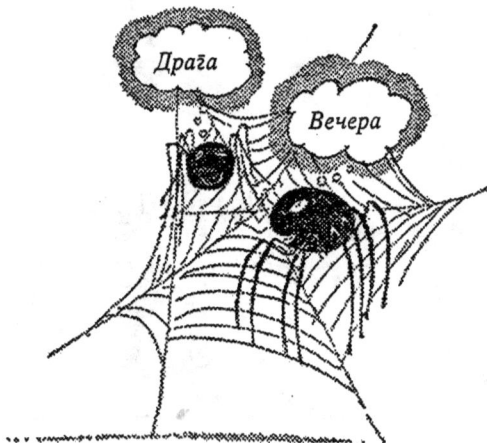

...док он мисли да његова драгана има укуса, она мисли да је он
укусан залогај

82

она користи за лов, те, док он мисли да његова драга-
на има укуса, она мисли да је он укусан залогај. Сло-
жена етикеција удварања, које се сви мужјаци придр-
жавају, пресудна је за успешно обављање задатка, јер
отупљује женкин нагон за убијањем и даје мужјаку
довољно времена да се узвере под њу и испразни једну
или обе песнице у њен трбух. Ако у томе успе, биће
богато награђен: може провести готово пола дана
благо лупкајући своју пасивну партнерку по трбуху.

Мужјаци паука користе свакојаке тактике удвара-
ња и смиривања крвожедних женки. Пауци који лове
и скачу веома су покретљиви и имају добар вид, како
би уочили плен у трави. Полно надражен мужјак ста-
не пред женку и замајава је прецизном гестикулаци-
јом, која је још упечатљивија због упадљивих шара на
његовим предњим ногама. С друге стране, већина вр-
ста паука који живе у мрежама разапетим на правцу
прелета инсеката је кратковида, али изванредно осе-
ћа вибрације. Мужјаци тих врста понашају се попут
путујућих свирача: свирају на мрежи пријатну музику,
коју женка осећа ногама. Једна од техника опрезног
мужјака, који је често мањи и спретнији од женке, је-
сте да на њену мрежу прикачи нит која му служи за
преношење љубавних порука, али и као конопац за
спасавање уколико женка посумња у његове поштене
намере. Он окида нит паучине, што женку љуља горе-
-доле, и ако погоди прави ритам, тј. ритам карактери-
стичан за ту врсту паука, женка ће задремати и пустиће
га да је оплоди. Ово је само један од бројних „музич-
ких" метода.

Мужјак кућног паука је много смелији. Кад га
обузме жеља за женским друштвом, он се успентра на
женкину мрежу и идентификује се тако што својим
„песницама" ритмички удара о нити паучине. Ако
женка, преко својих ногу, схвати љубавну поруку, пу-
стиће путујућег трубадура да се завуче у левак у ње-
ној мрежи и да мало одлежи поред ње.

Женка паука крсташа са светоандрејским крстом,
чија паучина може да премрежи друм, а ноге да опко-

раче тацну, најобичнија је окрутна људождерка, али има једну слабост, коју њен сићушни мужјак и те како користи: голицљива је. Ризикујући живот, он јој приђе са супротне стране њене мреже, просече рупицу у мрежи и почне да је голица по ногама. Нажалост, ово кратко траје, јер се женки обично врати апетит док јој патуљасти љубавник још увек завлачи песнице у тело, па га хитро смаже. И мужјаци многих других врста паука полажу највећу жртву женки – са семеном јој дају и живот. Тако, чак и у смрти, доприносе опстанку своје врсте, посредно обезбеђујући протеин за своје потомство.

Ипак, мужјаци углавном настоје да не постану ручак. Кад дође у посету својој драгој, мужјак вучјег паука јој донесе поклон, муву умотану у паучину, коју убаци у њене разјапљене чељусти, па се тек потом баца на њен полни отвор. Док је она забављена жвакањем, он је безбедно оплођује. (Догађа се и да, пошто јој је напунио спремиште за семе, украде свој поклон и побегне).

Мужјак врсте *Tetragnathas* има чељусти које су још веће од женкиних, са више страшних бодљи и зуба. Овде има релативно мало удварања. Мужјак и женка се сучеле, широко разјапљених чељусти. Мужјак преплете бодље на својим чељустима са женкиним, тако да га она не може ујести. Док заједно висе о нити паучине, мужјак наизменично утура своје палпе око петнаест минута, после чега се хитро откачи и падне на тле. Мужјак паука-срећице одобровољава женку тако што јој понуди да му глође главу – али при том не губи главу. Наиме, глава већине врста ових паука пуна је испупчења, жлебова и кврга, те је, у сексуалној предигри, мужјак једноставно гурне у разјапљене чељусти женке. Она му загризе главу, али се отровне канце њених чељусти безбедно заглаве у жлебовима, тако да мужјак комотно испружа своје палпе и наизменично јој их завлачи у полни отвор. Кад је завршио посао, он се притаји, на што женка попусти стисак, па љубавник стругне, попуни своје органе за парење и враћа се на још једну туру.

Неки методи парења паука су право силовање, јер мужјак скочи на женку и силом је оплоди. Цветни пауци чак примењују неку врсту везивања. Неки од њих су лепе животињице које вребају у цветовима, чијој боји су се увелико прилагодили. Овој групи припада и *Xysticus,* бледожућкаст паук који вреба у приземном зеленилу у пари се на земљи. Секс започиње кошкањем. Мужјак се попне женки на леђа и прави се да јој милује ноге, а уствари је обмотава паучином која јој спута покрете и истовремено је прикује за тле. Пошто ју је буквално смотао, он јој подигне задак и глади јој полни отвор. Као и у многих других врста паука, његови палпуси су конструисани тако да се уклапају у полни отвор женке, као кључ у браву. Њен отвор има прорез за пријем нарочите оструге на мужјаковом оруђу; пошто једно време опипава, ова оструга се забрави у отвор и доведе орган у положај за упумпавање семена у женку. У току два до три сата парења, мужјак промени „руку" најмање десет до двадесет пута. Пошто је завршио посао и шмугнуо у траву, женка се полако испетља из својих свилених веза.

Неки сродници паука имају другачија оруђа за оплодњу. На први поглед, ретки тропски рицинулиди подсећају на пауке, осим што су теже оклопљени. Мужјакови органи за парење смештени су близу врхова трећег пара ногу. Специјалитет такозваних лажних паука је сексуално дивљаштво. Ови крвожедни месождери, који настањују сушна и полупустињска подручја света, изгледају као велики длакави пауци. Међутим, лажни пауци имају огромне чељусти, наоружане многобројним шиљатим зупцима за убијање попаца и гуштера; јужноафрички сунчев паук *Solpuga* назван је сабљозубим тигром међу бескичмењацима. Он овим „очњацима" убија плен, али – веровали или не – њима се и пари! Плодна женка се „пали" само на суровог мужјака. Кад је мужјак заскочи, она се умртви и пусти га да је одвуче на згодно место, где је окрене на бок

да би дошао до њеног тесног полног отвора. Сва сре-
ћа те женка није много осетљива на том месту, јер јој
он таре отвор својим сабљастим зубима све док га до-
вољно не прошири, после чега прелази на парење по-
моћу зуба. Пошто је ејакулирао капљицу семена на
своје смртоносне „очњаке“, он њима грубо утрља се-
ме у женкин полни отвор, а потом је „запертла“ тако
што јој штипањем споји ивице полног отвора, чиме
запечаћује судбину својих полних ћелија. До тада је
женка већ на ивици стрпљења, те он брже-боље од-
скочи.

За разлику од њега, косци се паре истуривим пени-
сима. Косац нема струк, не плете мрежу и међу поло-
вима нема неповерења. Нема ни неког нарочитог удва-
рања. Просто, стану једно наспрам другог, мужјаков
цевасти продужетак полног отвора се споји са одгова-
рајућим органом женке и семе се спроведе директно у
њу. Није познато зашто и остали „пауци“ не упражња-
вају овај једноставан и непосредан начин парења.

Интимност је типична за парење на сувом, али и
многе развијене водене животиње паре се на врхунцу
удварања. На пример, рибе су икрашице, али су му-
жјаци неких врста риба грађени за убризгавање семе-
не течности у своје женке. Тешко је замислити ајкуле
док воде љубав, јер их бије глас да су окрутне убице
из морских дубина, које за собом остављају само смрт
и ужас. Смртоносна ефикасност ајкуле је несумњива
– она је права машина програмирана да убија. Чак и
њено тело изгледа као да је компјутерски конструиса-
но да, попут сенке, бешумно клизи морем, не ствара-
јући ни најмањи вртлог нити таласић, чак ни кад је у
пуном залету. Нема тог купача који ће, угледавши ви-
соко троугласто пераје које сече воду, бити толико
присебан да осмотри ајкулин трбух како би видео да
ли јој из стражњице вири пар привесака. Пераја не
служе ајкули само за вешто маневрисање у води, него
и за секс.

Већина крупних врста ајкула, укључујући злогла-
сну велику белу ајкулу, звезду филмског екрана, не

полаже јаја, већ рађа живе ајкулице. Друге, као што је морска мачка – мала врста која се држи морског дна и коју је сваки студент биологије имао прилике да сецира – затварају свако јаје у посебну торбицу, коју причврсте за морске алге. Пошто се из њих извале младе ајкуле, море избаци празне чауре на жало, где их сакупљамо и називамо „сирениним торбицама“. Оба ова метода репродукције захтевају осемењавање пре него што се јаја запечате; дакле, мужјаци су опремљени за тај задатак. Оба пола имају по два пара парних пераја – један напред и један позади – који одговарају нашим рукама и ногама. У мужјака је задњи

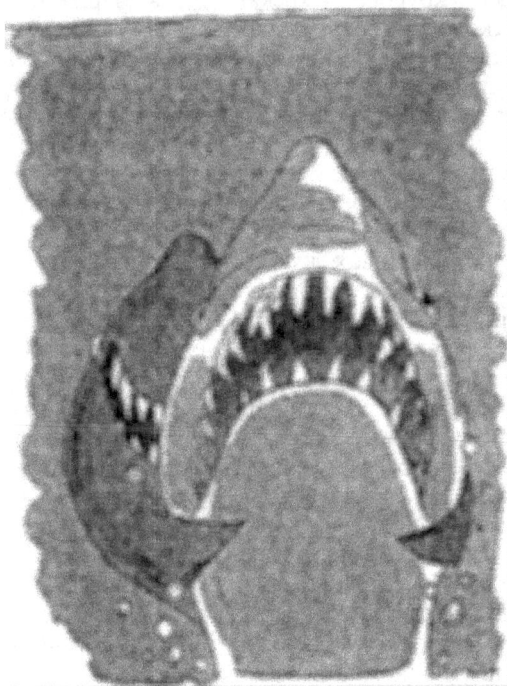

Тешко је замислити ајкуле док воде љубав

пар знатно измењен, утолико што се између два пераја налази пар „кобасица“, које му штрче уназад из карличног дела тела. Некада се сматрало да је то нека врста хваталки којима мужјак придржава женку у току парења. Међутим, ствар је у нечем потпуно другачијем: те „хватаљке“ су, уствари, органи за парење, али изведени из истих оних пераја из којих су се развиле наше ноге! Дакле, кад се мужјак ајкуле пари, он „дубоко загази“.

Ове „хватаљке“ су намењене преношењу семена. Обе израстају из обода мужјакове клоаке и на унутрашњој страни имају жлеб, који их ефикасно претвара у цеви. Укрућене су хрскавицом, а садрже и еректилно ткиво које се, пред парење, испуни крвљу.

До сада нико није посматрао љубавну игру великих ајкула, али је, у базенима, посматрано парење морских мачака и осталих малих врста. Мужјакове „хватаљке“ су, углавном, уредно спаковане испод репа, али, чим се мужјак узбуди, једна од њих се укрути и упери напред, спремна за дејство. Да би оплодио женку, мужјак мора да изведе сложен маневар – да се обавије око женкиних „кукова“, како би својом укрућеном хватаљком нанишанио њену клоаку. У многих врста ајкула, мужјаков полни уд је наоружан кукама којима се закачи за дебелу кожу на женкином трбуху, да би се сигурно углавио у њен клизави полни отвор. Пошто се обавио око женке и завукао јој свој ожлебљени уд, мужјак излучи семену течност и слузав подмаз из своје клоаке у њену, што траје и по двадесет минута. Раже и склатови, који су у сродству са ајкулама, примењују исту сексуалну технику парења перајима. Мужјаци неких врста имају по пар огромних хватаљки. Чак је утврђено да мужјак циновске манте наизменично забија обе хватаљке – чим извади једну, одмах ставља другу. Иначе, женке нису увек пасивни партнери у полном чину. Женке обичног склата чак преузимају иницијативу и трљају се о мужјаков полни уд све док се не укрути.

И много мање рибе упражњавају секс помоћу пера-
ја. Свим акваристима је позната техника парења зуба-
тих шарана – породице у коју спадају тропске рибице
као што су моли, плати, мачоносци и гупији. Гупији су
веома страствени и стално се додирују и мазе, тако да
добро осветљен акваријум са неколико парова ових
светлуцавих рибица представља идеалан део намешта-
ја спаваће собе заљубљеног људског пара. Многи
акваристи тврде да је узрок непланиране принове у
њиховој породици то што су, у спаваћој соби, посма-
трали парење гупија у акваријуму!

За разлику од полног органа ајкула и ража, полни
орган зубатих шарана изведен је из аналног пераја,
оног које се налази одмах испод клоаке. Док је жен-
кино анално пераје лепезасто, мужјаково се преобли-
ковало у ожлебљен полни уд, који личи на рапир, а
назива се гоноподијум. Овај орган има на врху меха-
низам којим се закачи за женкину клоаку и који јој,
понекад, поцепа полни орган. Неке од жбица пераја
имају осетљиве бодље које мужјаку служе за опипава-
ње женкиног бока и појачавају му узбуђење, тако да
јој брже излучи семе у клоаку. Жбице гупија чак има-
ју сунђерасте навлаке.

Врло је једноставно посматрати полни живот гупи-
ја у акваријуму. Мужјаци су разметљиви шарени шва-
лерчићи, дугачки једва 2,5 cm, упола мањи од женки,
које су неупадљивих боја. Непрестано мисле на „ону
ствар“, па неуморно парадирају пред женкама, прика-
зујући им своје блиставе боје и прозирна пераја. Ако
им ово упали, женке ће им дати оно што траже. Гоно-
подијум је нормално окренут уназад, али кад женка
да знак „дођи, дођи“, он се упери унапред. Кад се укру-
ти, шупља основа пераја се постави тачно изнад му-
жјаковог полног израштаја, тако да може да ејакулира
семе у гоноподијум. Потом се гоноподијум усмери у
страну, да би ушао у женкин полни отвор, где остаје
неколико секунди, колико је потребно да јој убаци се-
ме. Гупијев гоноподијум је изузетно покретљив, јер
његовим кретањем управља скупина мишића, тако да

може да уђе у женку и слева и здесна, зависно од тога који бок јој је уз мужјака.

Неки зубати шарани нису тако спретни. На пример, једностране живоротке морају строго да воде рачуна о положају у току парења, јер мужјаци имају једнострани уд – једни гађају улево, а други удесно. Полови су створени једно за друго – женке су левакиње или дешњакиње, а супротна страна полног отвора им је заштићена крљуштима. Стога је парење могуће једино између мужјака дешњака и женке левакиње и обрнуто. И необична четвороока риба из Средње Америке има сличне проблеме. Грађена је тако да, пливајући испод саме површине, посматра оба света. Очи су јој смештене у куполама које су тако подељене да једна половина ока осматра површину, како би на време уочила птице које лове рибу, док друга половина гледа надоле, тражећи храну и „ону ствар". Кад дође време парења, мужјак мора да буде врло пажљив при избору партнерке, јер неке женке не прихватају мужјака чија ерекција долази здесна, док друге одбијају онога који гађа удесно!

Трајање удварања зубатих шарана зависи од дужине мужјакове „алатке". Оне са дугачким органом, као што су патуљасте белице, гледају да га кварно завуку док, тобоже, „нормално" пливају. Уопште се не удварају – а и не морају. С друге стране, мачоносци и плати не смеју да прескоче предигру: због свог релативно кратког гоноподијума, морају да пристану уз бок женке, те су принуђени да издејствују њену пуну сарадњу. Мужјак то чини тако што настоји да задиви женку сложеним ритуалом удварања.

Мужјак мачорепог харацина прибегава обмани да би изманеврисао женку у положај за парење, то јест бок уз бок. Харацини су слатководне рибе, које углавном живе у Јужној Америци и Африци, а у које спадају пиране – страх и трепет Амазона – и блештаве тетре, које светлуцају у многим тропским акваријумима. Већина ових риба су икрашице. Међутим, венецуелански мачорепи харацин и његови блиски сродници развили су унутрашњу оплодњу. Само, мужјаков проблем је како да намами женку на вођење љубави, јер се она понаша као задрта уседелица и по правилу не дозвољава мужјаку ни да јој се примакне, а камо ли да јој чачка око гузе. У току еволуције, мужјак је овај проблем решио тако што је постао преварант. Са ивица оба шкржна заклопца виси му по једна дугачка нит, која је на крају проширена у меснату куглицу. Кад му дође да „убоде", он надигне један шкржни заклопац и набаци куглицу право пред губицу „фригидне" женке. Пошто ова куглица личи на водену буву, глупача се залети и загризе мамац. Док схвати да јој је увалио лажњака, он јој је већ увалио „ону ствар" и оплодио је.

У погледу грађе полних органа, рибе илуструју занимљиву појаву звану конвергентна еволуција. Док су ајкуле и раже претвориле своја парна трбушна пераја у полне органе, неколико развијенијих кошљориба је свој полни орган развило из аналног пераја. Тако су ове две различите групе риба дошле до сличног решења, иако се порекло њихових полних органа суштински разликује.

Полни уд жапца је потпуно другачије грађе – приближио се ономе што бисмо назвали правим-правцатим пенисом. Иако се жабе размножавају мрешћењем, шачица њихових врста упражњава интимне односе. Било би логично да мужјаци живородних краставих жаба из Танзаније и Гвинеје поседују пенис. Нажалост, они нису ништа боље опремљени од мужјака осталих крастача, те воде љубав путем клоакалног пољупца. Напреднији метод треба потражити преко пола света, у брзим, леденим потоцима високо у Стеновитим планинама. Овде се женке америчке репате жабе размножавају путем унутрашње оплодње – можда зато што би брза вода однела мужјаково семе ако би се оплодња обављала по старински, „накркаче". Мужјакова опрема за сексуално преживљавање у брзацима је његов реп, који му служи да пренесе семе директно у женкину клоаку. Уствари, овај „репић" од 10 mm нема ништа заједничко са мишићавим репом пуноглавца; реч је о цевастом продужетку клоаке, способном да продре у женкин полни отвор.

Цецилије, водоземци који као да подражавају кишне глисте, заиста имају истуриви пенис. Свих 75 врста, које живе у тропима, дегенерисане су али високо специјализоване подземне животиње; немају ноге и дословно су слепе. На први поглед, цецилија изгледа као велика месната глиста или слузава змија. Уствари, цецилије су даждевњаци који су прешли на живот под земљом, где лове црве, инсекте, па чак жабе и змије. Паре се у мраку својих влажних подземних тунела. Мужјак је опремљен позамашним органом за уметање, који му је нормално скривен у клоаки, али се, у току парења, преврне на наличје и продре у полни отвор женке, где остаје све док је мужјак не осемени.

Сексуална техника цецилија је претеча начина парења гмизаваца, с тим што су је мужјаци гуштера и змија усавршили, јер имају по два пениса – један с леве стране и један са десне. Ови пениси се називају хемипениси, тј. полупениси. Мужјак гуштера држи своје две „алатке" у корену репа, па зато има приметно испупчење међу задњим ногама. Избацује их само кад се пари. Нажалост, неки гуштери не умеју да разликују полове. На пример, амерички анолиси су зелени, да би се лакше прикривали у лишћу. Мужјаци се идентификују тако што покажу троугласти црвени или плави кожни набор испод чељусти. Ако се овај набор покаже мужјаку, он нагонски одговара тако што покаже свој, док женка нема ову „заставицу" и одаје свој пол тиме што је *не показује,* него само климне главом.

Пол афричког дугиног гуштера је јасно препознатљив. Мужјаци су шарени – имају наранцасту главу, индигоплав труп и беличасте, наранцасте и црне шаре на репу, што делује попут ратних боја намењених застрашивању непријатеља: ови гуштери бране своју територију и прогоне сваког уљеза. Женке су мрке и неупадљиве. Чим нека женка закорачи на његов терен, мужјак промени боју главе у светлонаранџасту и климне јој главом, што значи да сме да му приђе. Ако јој се његове намере не свиђају, женка се удаљи. Ако, пак, жели да се спари, она застане, окрене му бок и подигне реп вертикално увис, откривајући полни отвор. Мужјак дугиног гуштера није нежан љубавник – одмах је шчепа за врат, пребаци једну ногу преко њених леђа, прислони свој набрекли полни отвор уз њен, преврне на наличје један од својих хемипениса и утера јој га у клоаку. После десет секунди га извади и тиме је парење завршено.

Друге врсте имају другачије методе смиривања женки, које, по правилу, очајнички покушавају да избегну оно што им мужјак спрема. Мужјаци многих врста анолиса смирују женку тако што је газе, гуркају, мазе и трљају бутинама. Многе врсте имају у бутинама низ жлезди, или феморалних органа, који, у току трљања, излучују мирис који прија њеним гмизавачким чулима. За време предигре, хемипениси у мужјаковој клоаки почињу да се надимају. Пошто чврсто обухвати женку око бока, мужјак јој се обавије око карлице и подвуче реп под њу да би остварио гениталии контакт. Мужјак каролинског анолиса води љубав и по четрдесет минута. Нажалост, женка анолиса нема прилику да баци задивљен поглед на огроман уд свога партнера. То не може ниједан други гмизавац, јер хемипениси излазе само у току клоакалног контакта, као језик у француском пољупцу.

Хемипенис није шупаљ орган као што је људски пенис, него има жлеб којим семе тече из мужјаковог полног отвора у женкину клоаку. Он не служи за избацивање отпадних материја из бубрега. Упркос томе, хемипениси су врло ефикасни кад их притисак крви њиховог власника преврне на наличје. Сви су главичасти, као стиснута песница; иако има и глатких, већином су богато украшени ребрима и наборима. Мужјак игуане има гротескне хемипенисе са необичном саћастом текстуром, док су у америчког гуштера *шеју* попречно избраздани. Сваки је другачији – уствари, мужјаци гуштера се могу идентификовати према профилима њихових хемипениса. Зашто неки гуштери имају релативно једноставног ђоку, док се други паре ребрастим „алаткама" са украсима који су равни најраскошнијој барокној архитектури?

Део одговора лежи у времену потребном за спаривање. Мужјаци неких врста постали су стручњаци за „кресање на брзака", па им је довољно свега неколико секунди да се спаре са женком. Ови брзојеби љубавници – као што је дугин гуштер – имају прилично једноставне хемипенисе које брзо ставе женки у клоаку и брзо их изваде. Анолиси, који воде љубав натенане, опремљени су хемипенисима сложеније грађе и попречна ребра им вероватно помажу да хемипенис не испадне из женкине клоаке за време дугог периода интимности. У прилог овом објашњењу говори случај змија, јер се многе змије упуштају у маратонске сеансе парења, а мужјаци су опремљени жестоким полним удовима.

Змије немају удове којима би се партнери придржавали – иако мужјаци бое имају остатке ногу у облику пара оструга, којима боцкају и стимулишу женку. Приликом парења, змије се обмотају једна око друге. Нема бољег места за посматрање змијске љубави него што су фантастичне змијске јаме у Манитоби, где се змије подвезице масовно паре под јасикама. Змије преспавају зиму у заједничким спаваоницама, а кад пролећно сунце почне да загрева земљу, спремне су да своје буђење прославе групним сексом на топлим стенама. Тада хиљаде безопасних змија подвезица измиле из јама и одмах се бацају на секс. Неке се испреплету у жбуњу и висе у спареним сплетовима, попут Медузине косе. После неколико дана, оргија престаје и изморене змије се разилазе према летњим ловиштима у околним мочварама. Као и све друге змије, монументални полни уд змије подвезице везује мужјака и женку готово цео дан.

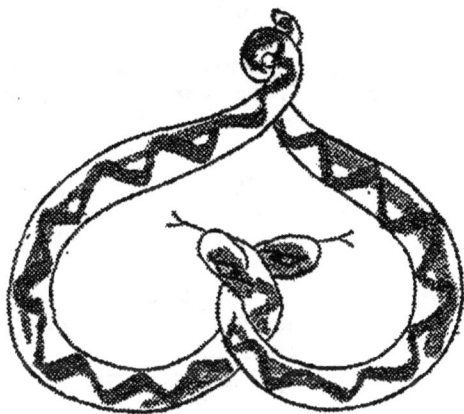

Приликом парења, змије се обмотају једна око друге

Величина и облик хемипениса увелико варирају, зависно од врсте змија. Неке афричке подземне змије имају изузетно дуге црвасте хемипенисе, дугачке готово колико и реп. Већина има једноглаве хемипенисе, али отровнице су невероватно добро опремљене – оба хемипениса су рачваста као змијски језик. Стога је мужјак звечарке поносан власник два двоцевна пениса. Кад би оба могла да истовремено искоче, ова отровница би изгледала као да на боковима има сохе за весла.

Двоструки пениси су идеално грађени за остајање у женкиној клоаки. Кад је преврнут на наличје, пенис више личи на средњовековни топуз него на љубавни орган. Хемипениси звечарки и љутица начичкани су бодљама окренутим уназад – са мањим бодљама ближе врху и релативно огромним ближе корену – које се за време парења заривају у зидове женкине клоаке. Ови сурови украси не дозвољавају да хемипенис превремено испадне ако се женка предомисли пре него што је осемењена. Али, шта ће змијама и гуштерима два полна уда, кад истовремено употребљавају само један?

У току парења, мужјак мора да буде способан да убада и здесна и слева. С обзиром да оба пола имају реп, који им прилично смета, уметање се најлакше постиже ако пенис „гађа" бочно док је мужјак обавијен око женке. Са два „пениса", мужјак је наоружан за дејство и слева и здесна. Кад се обавије око женке с њене леве стране, он избаци десни уд, и обрнуто. Корњаче се добро сналазе са само једним пенисом, можда зато што мужјак може да спусти задњицу да би погодио полни отвор женке. Нећете веровати, али исто то раде крокодили и алигатори. Они су далеко одмакли према парењу уз употребу пениса карактеристичну за сисаре.

Фалус сисара је без премца у целом животињском царству. За разлику од оруђа којима се паре гмизавци и примитивни сисари који легу јаја, пенис сисара је мајсторски грађен за вишекратну употребу. Он не служи само за убризгавање семене течности у вагину, него и као славина која одводи мокраћу из тела. Пошто има два задатка, пенис сисара је постао двострука личност. Готово све време, пенис је обична пиша, склопљена, смежурана или увучена у корице. Међутим, као што сви знамо, пенис се драматично мења кад му се укаже прилика за полни однос. Тада искаче као чупавац из кутије, дигнут и укрућен, спреман да се „до балчака" забије у женкину подмазану вулву. Што се тиче људског пениса, изгледа да он има сопствену личност, јер мушкарци често персонификују свој пенис, издевајући му разна имена, као, на пример, „ђока", „мишко", „мачор" и тако даље. Називи као што су „ћелавко", „главоња" и слично неизбежно су настали због сврсисходног облика укрућеног људског пениса, дугачког стуба који на врху има печуркасти главић, чија улога је да спречи повраћај семена и сатера га дубоко у вагину. Улога главића је и да изазива задовољство, јер има осетљиву кожу, богату нервним завршецима и веома осетљиву на додир и топлоту.

Најлепши део полног чина је кад главић вредно ради у вагини. Основна намена људског пениса не разликује се од намене пениса било ког другог сисара, а ипак је свака животињска врста створила сопствену варијанту.

Пениси се могу поделити на два суштински различита типа. Људски пенис је васкуларан, какав је и пенис мајмуна, коња, тапира, слона, носорога и кита. Васкуларни пенис је меснат орган, који је у опуштеном стању млитав, али очврсне кад се његов власник полно надражи. Притисак крви га укрути и дигне – осовина васкуларног пениса садржи стубове сунђерастог ткива, који су једним крајем причвршћени за стидну кост и који се вишеструко увећају кад се напуне крвљу. У току љубавне предигре или при еротским мислима, шире се артерије које доводе крв у еректилно ткиво, а одговарајуће вене се скупљају, што доводи до препуњености ткива крвљу; поред тога, један специјални мишић спречава одливање крви из вена у пенису. С обзиром да се пенис мора напунити крвљу, постизање ерекције довољне да пенис може продрети у вагину траје извесно време. На пример, кад угледа успаљену кобилу, искусном пастуву треба два минута да добије пуну ерекцију, за које време му пенис нарасте од неколико центиметара на свих 60 cm. Дакле, грађа пениса унеколико диктира правила љубавне игре – љубавницима који су опремљени хидрауличним пенисом потребан је одређен период надраживања да би им пенис постигао потпуну функционалност.

С друге стране, мужјаци опремљени фиброеластичним пенисом способни су за тренутну ерекцију. Преживари као што су јелен, мужјак антилопе, ован и бик, имају пенис у облику танке шипке. Овај орган је увек крут, јер је грађен од чврсте хрскавице, те му функција није много зависна од притиска крви. Два-три прегиба на пенису омогућавају му да се склопи у облику латиничног слова „S“ и спакује испод трбуха. Кад се отпусти мишић затезач, пенис се опружи и муњевито излети из футроле. У току кратког полног чина, пенис се не продужи нити одебља – само се исправи. После ејакулације, мишић затезач га повуче назад у тело и склопи га. Немају сви фиброеластични пениси исти облик. На пример, пенис овна завршава се једном нити дугачком пет-шест центиметара. За време ејакулације, ова нит се брзо врти укруг, као пропелер, распршујући семе по грлићу материце. Природа је врло довитљива, па су многи сисари, као, на пример, мајмуни и глодари, смислили како да се обезбеде да им не спадне усред полног чина – њихов пенис је саграђен око кости. Најспектакуларнији су пениси фоке, морског лава и моржа. Мужјаци ових врста имају у пенису кост која се зове *бакулум*. Бакулум незрелих мужјака је незнатне величине, али кад мужјак полно сазри, ова арматурна шипка се знатно увећа. Многи посетиоци далеког југа и Антарктика доносе кући сувенире – бакулуме морских слонова дугачке како лењир. Парење морских слонова често личи на силовање, јер је мужјак, који тежи четири тоне, готово два пута дужи од женке. Мужјак се попне на женку, утера јој свој црвени пенис са коштаним ојачањем и пуних пет минута јој га набија и гњечи је својим огромним телом.

Поред ових екстремних типова пениса, има и других необичних модела, као што су пениси многих торбара.

Први Европљанин који је угледао валабија (1606, на југоисточној обали Нове Гвинеје) описао је необичан изглед његових полних органа. Био је то шпански истраживач дон Дијего де Прадо и Товар, који се налазио у пратњи Луиса Ваеза де Тореса на проласку кроз олујни теснац који сада носи његово име. Кад се искрцао на копно, приметио је да острвска животиња коју је посада уловила за храну има желудац пун лишћа ђумбира и тестисе који висе на „жилици танкој као узица“, а смештени су *испред* пениса. Ово је, можда, први запис о једној врсти кенгура, али није и први запис о открићу торбара. Први торбар је откривен у Бразилу, 1500. године. Једна уловљена женка опосума увелико је узбудила тадашње научнике, јер је имала торбу у којој је чувала и дојила своје младунце. Уследила су нова открића. Када је, 1698. године, енглески анатом Едвард Тајсон распорио женку северноамеричког опосума, установио је да има рачвасту вагину, која води у две материце. Отуда и њен научни назив *Didelphis*, што значи „две вагине". Иначе, ова животиња нам је најпознатија по томе што се прави мртва кад је у опасности.

Опосуми су зоолошки занимљиве животиње, јер нам пружају представу о томе како су изгледали преци аустралазијских торбара. Сматра се да је, пре неких седамдесет милиона година, неколико примитивних предака опосума доспело у Аустралију, где је имало цео тај острвски континент за себе. Еволуцијом је, од овог примитивног облика, настао читав низ торбара, укључујући међусобно врло различите животиње, као што су коале и вомбати, фалангери и кенгури. Већина је наследила необични полни апарат опосума. Не само што женке имају рачвасту вагину, него и мужјаци имају одговарајући пенис. Мужјак кенгура има пенис као виле за сено: држаље је право, а врх је рачваст, вероватно да би се уклопио у два крака женкине вагине.

У Аустралији има још необичнијих животиња. Кад се паре тамошње пегаве торбарске мачке, кволи, међу мачковим ногама искоче два подужа ружичаста органа, и то један изнад другог! Помислили бисмо да су ови крвожедни месождери, велики као домаћа мачка, срећни што имају два пениса или да су у недоумици који да употребе кад их обузме страст. Међутим, пажљивијим испитивањем је утврђено да је само доњи орган прави пенис, а да је горњи само знатно увећан препуцијум, који се такође укрути, али слабије од пениса. Ово је мало чудно, па се намеће питање шта торбарски мачак ради са својим допунским прибором.

Грем Сетл, аустралијски зоолог који одгаја ове ноћне животиње у Сиднеју, провео је једну ноћ испод жичаног пода кавеза у којем се пар торбарских мачака загревао за уобичајену четворочасовну сеансу парења. Оно што је видео решило је загонетку. Кад је женка била спремна за парење, усмине су јој набрекле и зинуле, откривши вагину, али јој је полни отвор био врло близу аналног. Уствари, два отвора су била толико близу да би сваки обичан љубавник ризиковао да промаши рупу и стера јој га у чмар. Али овај мачак није обичан љубавник: његов помоћни орган је на правој удаљености од пениса, тако да јој зачепи чмар – а баш то је Греам Сетл те ноћи видео. Мужјак је извео наизглед немогућ подухват – истовремени анални и гениталени сношај. Дакле, торбарске мачке се спајају као утикач и утичница, и то увек „фаза у фазу, нула у нулу". Ова јединствена анатомија мужјаковог полног органа развила се да би се спречило расипање семена, али резултат тога јесте да мужјак и женка могу да уживају у двоспратном сексу!

Свиње се букаре на прилично необичан начин. Вепар „сврдла" крмачу, јер његов дугачак фиброеластичан пенис има на врху јединствену спиралу – као вадичеп – која се, приликом спаривања, забија дубоко у грлић материце. Вепар започиње освајање тако што му избије пена на уста и он онда почне да дува крмачи у њушку. Ако је спремна за парење, она ће се од његовог замамног задаха из уста укочити и изгрбити леђа. Мирис који јој занесе памет уствари се производи у вепровим огромним тестисима, одакле крвотоком стиже до пљувачних жлезда, а одатле у његову обилату предкопулаторну пену. Крмача осети вепров еротски намирисан дах док се, жељни једно другог, додирују њушкама. Чим је оњушила овај мирис и померила памећу, вепар прекида удварање и одмах је избукари. Ова прича о свињској страсти има везе са људима, утолико што је истраживањем у Немачкој доказано да мушкарци производе супстанцу која је веома слична неодољивом сексуалном парфему вепра. Међутим, нама зној избија под пазухом, а не кроз пљувачку; поред тога, мирис мушког зноја не делује увек на жене онако како би мушкарац желео.

И мужјаци из породице мачака имају необичан пенис. Кад се комшијин мачак ноћу ишуња из куће, то значи да је кренуо у потрагу за мацом којој ће завући своју бодљикаву „алатку“. Иначе, ни домаће нити прашумске мачке се не удварају у Дизниленду, где се производе цртани филмови у којима се мачке мазе и заљубљено преду и у којима мачак поклања маци лепо упакованог миша. У стварном животу тога нема. Напротив, мачка је одбојна и груба према мачору који показује било какву сексуалну заинтересованост кад она није расположена за секс, па уме да фркне и ошамари га ако је претерао. Будући да је спретна ловица, способна је да зада болан ударац шапом пуном српастих канци, а и да закоље својим снажним очњацима.

Зато је мачор довољно мудар да је пусти да она води игру. Кад јој дође време за парење, мачка наједном почне да се умиљава око мачора и пушта их да јој лижу главу и вулву. У том периоду она их задиркује и изазива, ваљајући се и увијајући се на неколико корака од њих. Али, иако једва чекају да је заскоче, ниједан то не сме да покуша док она не заузме положај за парење. Усред представе коју изводи за мужјаке, мачку спопадне неодољива жеља да осети мачора на леђима и његов бодљикав главић међу ногама. Тада, у делићу секунде, скочи, клекне на предње ноге, истури задњицу и забаци реп у страну, изложивши своју влажну вагину. То је тренутак који су мужјаци све време чекали, јер знају да јој је страст накратко неутралисала опаку ћуд, па се може безбедно заскочити. Док дланом о длан, најближи или доминантни мачор скаче на њу и шчепа је зубима за врат. У међувремену, њене задње ноге наизменично „месе“ и померају се уназад, уздижући јој вулву, да би се спојила са његовим бодљикавим пенисом, који је већ почео да се помаља. Потом јој га мачор, једним снажним замахом, стера до краја. По мачкиној реакцији, рекло би се да ју је „развалио“, јер она продорно дрекне и ослободи се у року од петнаест секунди. Мужјак брже-боље одскочи, да га не би закачила канџама. Из искуства зна да ће, без обзира да ли ју је заболело или јој је његов бодљикави пенис пружио мазохистичко задовољство, долазити по „репете" сваких двадесетак минута у току првих пар дана нимфоманије.

Није познато због чега мачор има ове грубе бодље на пенису. По једној теорији, оне му служе да се „причврсти": с обзиром да су оштре бодље окренуте уназад, не би требало да ометају увлачење, али треба да отежају извлачење – бар док је ерекција јака. Или су намењене сексуалном уживању мачора? Један француски зоолог је одлучио да ову појаву осмотри са мачкиног гледишта. Њен крик у тренутку продирања пениса наговештава једну вероватнију теорију, то јест да „бодље" снажно стимулишу њен генитални тракт. Ово мишљење се тешко пробијало, све док, 1934. године, није откривено да је мачка једна од многих животињских врста у којих узбуђење приликом парења покреће процес одвајања јаја од јајника и њиховог силаска у јајоводе, ради оплодње. На пример, еструс северноамеричке подземне ровке траје 33 дана ако нема мужјака, али, пошто се неколико пута спарила, јаја почну да силазе после највише три дана од првог спаривања. Женке кунића су још брже – овулација почиње десет сати после осемењавања. За читав низ месождера карактеристична је такозвана индукована овулација. У томе су мачке најбрже: ако им се полни орган дражи стакленом шипком, мачке у еструсу спуштају јаја низ јајоводе после свега двадесет четири часа. Вероватно је пенис мачора грађен тако да изазива висок ниво вагиналне стимулације потребан за почетак процеса силаска микроскопских мачкиних јаја низ јајоводе, нарочито ако се има у виду краткоћа полног чина.

Мужјаци из фамилије мачака поседују опаке „алатке" за парење, опремљене мноштвом бодљи, али и многи други сисари имају по коју бодљу на пенису. На пример, многи глодари имају пенис који се завршава „трном", ради бољег продирања и стимулације. Овај

„трн" је пацовима потребан, јер убризгавају семе директно у материцу женке. Ми и наши сродници примати имамо веома гладак пенис, мада би нам можда добро дошао ребраст или бар чворноват. На крају крајева, у нашем случају, пенис није само шприц за убризгавање семена, него и играчка која пружа задовољство. Док се мушкарац задовољава набијајући главић што дубље у своју партнерку, она луди док јој пенис таре усмине и клиторис. Дакле, јаче трење би је више стимулисало, па би, можда, још више излудела. Људски род је веома домишљат, па су произвођачи гумене робе прионули на посао да реше овај проблем. Данас, мушкарац који тражи супер секс може да оно што му природа није дала надокнади куповином разноврсних презерватива, богато украшених ребрима или квргама. Међутим, треба бити пажљив при избору презерватива. Они са екстравагантно украшеним главама помажу егу љубавника, али су за жену много бољи они са украсима око корена, јер тај део пениса притиска и туче њено „дугменце среће".

Мушкарци из прашумског племена Дајака са Борнеа, који су нам најпознатији по томе што су некада били ловци на људске главе, имају посебан начин сексуалног стимулисања партнерки. Кад падне ноћ, ратници у „дугим кућама" Дајака воде љубав са својим женама уз помоћ *йаланга,* попречно провученог кроз главић.

Покојни Том Харисон, некадашњи управник Музеја Саравака и угледни путописац, записао је да паланг може да проузрокује велику трагедију за оне који нису навикли на ову сурову справу. Паланг су измислили Кењаци, а од њих су га преузели Келабити, међу којима није одмах постигао успех. Једна келабитска жена је умрла пошто ју је оставио њен љубавник Кењак, али не због сломљеног срца, него од тешких озледа које јој је љубавник нанео својим палангом. Упркос опасности од озбиљних повреда, изгледа да се женама допада груб облик паланга, под условом да јој се пажљиво завуче. Паланг је прилично болан и за

мушкарца, јер прво мора да пробуши рупу у свом гла-
вићу. Пошто умине бол од ове „операције“, Дајак
протури кроз главић паланг према свом укусу – некад
су то упредене свињске чекиње, а некад чак и оштар
комад стакла, парче метала, дугуљаста семенка или
лепо изрезбарен паланг од слоноваче. Шта је то ин-
спирисало мушкарце са Борнеа да толико застране?
Етнолози су нашли корелацију са полним органом су-
матранског носорога!

Одавно је пажња већине људи прикована за фало-
идну грађу слепљене длаке на врх носа носорога. Ши-
ром Африке и Азије, мушкарци свих боја и вероиспо-
вести сматрају их показатељем полне моћи. Млевен
рог носорога стекао је углед моћног афродизијака,
помодног лека за импотенцију. Вековима су многи ве-
личанствени носорози губили живот да би повратили
изгубљену полну моћ источњачких моћника. А ипак,
рог који носорог крије међу задњим ногама много је
моћнији од оног који носи на глави.

Као и људи, свих пет врста носорога има васкула-
ран пенис, али са невероватном главом. Главић врло
дугачког пениса носорога има облик цвета зеленкаде:
из средине му вири једна лепа труба. Али, то није све.
У основи главића, одмах иза „латица“, налази с пар
бочних прирубница, или режњева – зависно од врсте –
које се укруте од притиска крви приликом ерекције.
Ето, то је послужило као узор за паланг, иако је ово
поређење мало натегнуто, јер додаци на главићу су-
матранског носорога пре личе на пар кобасица које
висе са пениса него на чврст попречан предмет. При-
рубнице на фалусу црног носорога више личе на па-
ланг, али та врста живи врло далеко, у Африци.

Кад би улога овог цвета била да поглед на њега ра-
знежи женку, онда би необичан облик носороговог
пениса имао смисла. Међутим, како је женка леђима
окренута према мужјаку за време парења, она и не
види његов лепи пенис. Дакле, оваква грађа пениса
има сасвим другачију сврху. Кад скочи на женку, му-
жјак не види њен полни орган, али му пенис полако

излази из футроле испод репа, све док јој не допре до препона. Тада пенис сам почне да тражи мету – режњеви и труба опипавају наоколо, све док не напипају вулву. Чим се главић намести у отвор, мужјак „ушета" остатак пениса – са све режњевима и прирубницама – и не вади га наредних пола сата.

Индијски и афрички слонови такође имају самоходни пенис. Као и носорог, слон плаћа цену своје велике телесне тежине – грађа му је прилично крута. За време парења није много покретан, јер, са својих десет тона, није у стању да снажно креће карлицу напред-назад како би набијао пенис. Грађа женке му унеколико помаже, јер се, током еволуције, њен полни отвор померао са уобичајеног места, све док се није спустио сасвим доле, под отромбољени трбух, близу пупка. Тиме је мужјак поштеђен немогућег задатка – да подигне препоне до њене карлице, како би се спарио. Лакше му је да досегне њен низак отвор, а да физички напор препусти свом масивном самоходном пенису. Слонов пенис је прави погонски склоп – садржи не само еректилно ткиво, него и сопствени мотор, састављен од мишића који га покрећу у свим правцима. Кад је цео исукан, пенис је савијен као кука за месо, са врхом нагоре. Не мирујући ни тренутак, пенис неуморно претражује и обично погоди мету после серије „аперката". Кад се угнезди уз њен укрућен клиторис, који је дугачак као људска рука, набрекли врх пениса се стера у вагину низом покрета који подсећају на кретање клипа мотора. После неколико секунди, кретање „клипа" изазове слона да ејакулира. Ето како се ова огромна животиња сналази у вођењу љубави.

И неке много мање животиње имају огромне тешкоће. Има сијасет вицева на тему парења јежева. Пуне две хиљаде година, радознали природњаци су лупали главу како се паре јежеви, али нису нашли одговор. Једни су претпостављали да женка легне на леђа, па је мужјак осемени опкорачивши јој мек, незаштићен трбух. Други су, пак, сматрали да се мужјак и женка усправе на задње ноге и паре се лицем у лице. Тек 1948. године, после посматрања љубавне игре јежева, X. Штиве је обелоданио праву истину на конгресу немачких зоолога у Килу.

Једноставно, јежеви се паре пажљиво, водећи рачуна да спајање буде што безболније. Удварање личи на дуготрајан двобој, са много режања и гроктања. У тој фази, женка је прописно накострешена, али после извесног времена пристане на мужјаково удварање, па јој бодље полегну. Кад је спремна, женка се пружи на земљу, приљуби бодље уз тело и натрти се. Као и већина сисара, мужјак прилази отпозади. Јеж има несразмерно велики пенис, како би се обезбедио да му се женкине оштре бодље не забоду у препоне.

Бодљикава прасад су још бодљикавија од јежа. Ово нарочито важи за врсте из Старог света, које одвраћају непријатеља тако што надигну бодље и звецкају му њима испред носа. Ако га грабљивац упорно гони, бодљикаво прасе уме да му остави неколико бодљи у њушци. Иако изгледају мање спектакуларно, бодљикава прасад Новог света примењују подједнако ефикасну одбрамбену тактику. Северноамеричко бодљикаво прасе има око 30.000 бодљи, а допунски се брани од напада с леђа тако што ошине нападача бодљикавим репом. Зато успаљени мужјак мора да се чува женкиног репа.

Бодљикава прасад не дозвољавају да их ико додирује, нарочито око корена репа. Међутим, у јесен, кад наступи сезона парења, оба пола се нагло заинтересују за додиривање полних органа. Често се догађа да успаљена женка узме у предње шапе неку гранчицу, објаше је као вештица метлу и усправно хода на задњим ногама, тако да јој се вулва трља о гранчицу. Ово понашање подсећа на мастурбацију. И њен партнер изводи исту представу – трља пенис и мошнице о избочине на тлу. Нарочито обожава њене „играчке" и све предмете које је намазала мирисом мошуса са својих усмина или поквасила својом миришљавом мокраћом. Мужјак јој отме гранчицу, узме је у леву шапу, па је, усправљен на задње ноге, прислони уз свој пенис и запиша. Ако не може да набави ниједну женкину драгоценост, он се задовољи тиме што се маши за тестисе и помокри се себи у шапу. Ето доказа о важности тоалетне воде за љубавни живот бодљикавог прасета.

Кад се мужјак америчког бодљикавог прасета довољно узбудио њушећи се са женком и трљајући нос о њен, он се усправи на задње ноге и покаже јој свој укручени пенис, који штрчи попут оловке. Ако је женка спремна и зрела, и она се усправи на задње ноге, окрене се лицем према мужјаку и протрља нос о његов. Трапери који крстаре шумама Северне Америке и често виђају тако загрљену бодљикаву прасад, тврде да се она љубе и паре. Трапери греше, јер мужјак, док стоји наспрам женке, не обасипа своју драгу пољупцима, него мокраћом. После минут-два, предњи део јој је, од њушке до репа, намочен мокраћом њеног љубавника. Уместо да се од овога охлади, женка га позива на парење, тако што се спусти на све четири, подигне реп да открије вулву и унатрашке му се натакне на пенис. Потом јој он, стојећи на задњим ногама, набија пенис тако што савија своја бодљикава колена. При том као ослонац користи реп, који наизменично савија и исправља да би јаче набијао. Оваква помоћ му је и те како добродошла, јер је женкин полни прохтев готово незајажљив. Она одржава висок ниво сексуалне агресивности у току неколико сати, настојећи да му се поново натакне на пенис чим га је извадио. Тако мужјак мора да се пари и по осам пута у двадесет минута, па је, на крају сеансе, потпуно исцрпљен.

Иначе, полни живот бодљикавог прасета је прича за малу децу кад се упореди са уврнућима и крајностима животињске еротике.

ГЛАВА СЕДМА

ВЕЗИВАЊЕ, СОДОМИЈА И СЛИЧНО

Пси заснивају чврсту сексуалну везу. Ту немају избора, јер сви – од крволочног вука до умиљате пудлице – морају да се паре на прилично необичан начин.

Спаривању претходи ритуал псећег удварања, са много дахтања и узајамног њушкања испод репа. У току удварања, пас се сваки час мало удаљи, дигне ногу и штрцне мало мокраће, можда због истог разлога због којег мушкарац ставља колоњску воду на лице пред излазак на „судар". После упознавања, пас посвећује сву пажњу кучкиној задњици, уживајући у њеном полном мирису и лижући јој гениталне сокове. Кад ју је довољно надражио њушењем и лизањем, она му се понуди тако што заузме веома еротску позу, истрти се и склони реп у страну.

Ниједан искусан пас не одбија такав секси позив, али оно што следи може грдно изненадити младе, наивне псе, који се паре први пут у животу. Наиме, кад га Цеки заглави кучки, и сам остаје заглављен у њој, чак и до пола сата. Овом везивању доприносе обе животиње. Пас нема обичан пенис: кад продре у кучкину вагину, задњи крај му се убрзо надује као балон. Уз то, њена вагина стеже као менгеле и толико снажно му стисне пенис да га је, једно време, немогуће извући. Иако пси започињу парење у уобичајеном положају, у којем пас зајаше кучку с леђа, после пар минута он сјаше, пребаци једну ногу преко свог заглављеног пениса и окрене јој леђа. Тада слепљени пар личи на сијамске близанце спојене задњицама. Док су тако везани, нема им друге него да стрпљиво чекају. Ако кучка покуша да се ослободи пре него што је пас завршио

...може грдно изненадити младе, наивне псе

ејакулирање, она га тегли за собом – што је веома непријатно за његов већ истегнут пенис. Занимљиво је да овакво везивање ретко изазове озледу. Такође, ово нимало не умањује апетит мужјака, јер, ако му се укаже прилика, полно моћан пас уме да овако заглави и пет пута дневно.

Израз *везивање* повезујемо са екстравагантним сценама сексуалног потчињавања. Заиста, има људи који се „примају“ на конопце, ланце, катанце, полицијске лисице и слично и користе их да потпуно потчине свог партнера: партнер чије руке и ноге су везане за углове кревета нема другог избора осим да игра како му његов пар свира! Понекад уз то, као приде, додају и мало физичког насиља у облику шибања или бичевања. Наравно, псеће везивање нема никакве везе са сексуалним потчињавањем, нити га пси изводе на тротоарима да би увесељавали пролазнике. Чак ни добростојећи градски пси не могу себи дозволити луксуз да мењају овај стил парења, јер је парење преозбиљан посао. Људско и псеће везивање има сличну сврху – монопол у парењу. У спаваћој соби, оно увећава задовољство учесника, али истовремено гарантује право парења оног који је свезао свог партнера. Тако је и у природи.

Одређена врста везивања обично је у интересу мужјака, и то због озбиљног разлога: мужјак *никада* није сасвим сигуран да је баш он отац! Женке и те како умеју да „шврљну", као и мужјаци, што подједнако важи за женку жишка и за жену. Мужјаку који је уложио много времена и труда да се удвори женки и спари се с њом, улагање се исплати само ако јој искључиво његово семе оплоди јаја. Може бити да је пре тога „врднула" и да ју је неко већ оплодио. Исто тако, чак и ако јој је мужјак који ју је оплодио „прва љубав", уме да се убрзо спари са другим, па да, у репродуктивној трци, туђе семе стигне на циљ пре његовог. И у најбољим браковима, мужа брине шта му жена ради кад га нема код куће: много је вицева о млекацијама и о томе какве све услуге водоинсталатери пружају домаћицама. Иако се овај став може сматрати обичним мушким шовинизмом, ипак је заснован на биолошком реализму. За женку је неважно ко је отац њеног порода, под условом да је добар примерак своје врсте. Ако се више пута спари, она се само обезбеђује да буде двоструко или троструко сигурна у успех осемењавања. Међутим, са мужјаковог гледишта, женкина неверност је контрапродуктивна. За њега је биолошка вредност само у томе да, путем полног чина, помогне у преношењу *својих* гена, па све чини да обезбеди њену верност.

Најнепосреднији метод стицања искључивих сексуалних права је груба сила. Не може се оспорити ефикасност насилничког понашања доминантних мужјака фоке који чувају своје хареме. И мужјаци многих папкара држе своје крдо женки подаље од супарника. Што се тиче везивања, оно поприма непосреднији облик међу нижим животињама. Мужјаци неких љускара чувају женку само за себе тако што је данима носају наоколо. Један од таквих примера су крабе. Женка је, углавном, мека – пари се чим збаци стари оклоп – па мужјак, који је крупнији од ње, штити њу и њен насад оплођених јаја од грабљивица и супарника. Изоподи (мокрице) и амфиподи – љускари налик на козице – пливају у тандему, при чему се мужјаци, који су снажнији од женки, држе за њих ногама специјализованим за качење.

Слично се понашају и неки инсекти. Масивни скарабиди, познати под звучним називима као што су буба-носорог, буба-слон и херкул, спадају међу највеличанственије инсекте. Мужјаци, дугачки и по 15 cm, заштићени страшним роговима и маштовитим избочинама, нису нимало нежни љубавници. Они, просто, зграбе женку и однесу је на неко скровито место, где нема супарника, одакле је не пуштају док се нису прописно задовољили.

...под звучним називима као што је „херкул"

Свеопшта дилема мужјака најизраженија је на топлој, влажној површини крављe балеге, где се паре зеленозлатне муве. Мужјаци се окупљају на балеги зато што ту женке полажу јаја. Онај који се последњи спари оплодиће 70 посто женкиних јаја. Кад му се женка довољно приближи, он је брзо шчепа, одлети пар метара од балеге и осемени је. Она остаје жељна секса све док не положи јаја, тако да, после спаривања, мужјак има два избора: да је јаше све док се она не охлади, али по цену да пропусти парење са другим женкама, или да је остави и ризикује да му неки други мужјак „набије рогове", јер ће изгубити потомство кад она пристане на још једно осемењавање. Међу мужјацима мува влада тако жестока борба за женке, да им је боље врабац у руци него голуб на грани, па је природна селекција ишла у прилог мужјацима који се, после спаривања, још неко време држе своје женке. На тај начин се онемогућава преотимање, мада мужјак, док чува женку, губи прилику да се пари са другим женкама. Скакавци често остају на леђима женке и по два дана после спаривања. Чак и ово је безначајно у поређењу са „стрпљивошћу" мужјака жишка – *Rhytirrhinus surcoufi* – који и по месец дана остаје на леђима женке, не губећи контакт.

Овакву упорност поседују и жапци, који умеју да се данима држе за жабу, како не би пропустили ниједан низ јаја које она положи. Мужјаци неких ускоустих жаба, као што су америчка жаба-мравојед из Канзаса и афричка жаба *Breviceps,* много су комотнији док чекају да оплоде женку: уместо да се држе за њу, они се, лепком који луче из жлезда на грудима, прилепе уз стражњицу своје крупне и дебеле драгане. Друга врста везивања је врло дуготрајно спаривање, у току ког мужјак држи женку под контролом. Можда је то главни разлог за специфично парење паса. Пси су друштвене животиње и женка која се тера има магнетску привлачност за све мужјаке у чопору. Стога је, вероватно, спаривање прерогатив вође чопора, нарочито кад је кучка у најжешћој, најплоднијој фази терања, па је проценат успеха његовог семена неоспорно повећан дугим периодом спојености и ејакулирања. Ако је, потом, осемени мужјак нижег ранга, његово семе има знатно мање шансе да је оплоди. Многи инсекти, као што су мољци и лептири, спојени су по цео дан. Кућне муве проводе много краће време у тандему, али ипак далеко више него што је потребно за преношење семена. Мужјаку је потребно 10 до 15 минута да осемени женку, али парење траје око један сат; без сумње, мужјак тиме штити свој репродуктивни улог док је женка још увек расположена за парење.

Било би лакше и једноставније да мужјак, једноставно, запечати женкин полни отвор – а многи инсекти и сисари управо то чине. Појасеви невиности били су у моди далеко пре него што су их средњовековни витезови измислили да обезбеде верност својих дама док су они у дугом крсташком походу у иностранству. Појасеве невиности који су много сложенији и ефикаснији од средњовековних одвајкада примењују пчеле, лептири и комарци. Инсекти не морају да праве гломазне гвоздене скаламерије за чување части својих женки; једноставно им запечате полни отвор брзовезујућом семеном течношћу. Овакве привремене „чепове невиности" не користе само инсекти – користе их слепи мишеви, јежеви, торбари и многи глодари. Пацов има нарочиту „коагулациону жлезду", која његовом семену додаје ензим зван везикулаза. Пошто је ејакулирао, семе се стегне под дејством ензима, те ефикасно запечати вагину. Ако се, због неког разлога, семе не стегне, женка не занесе. Одувек се сматрало да ови чепови имају улогу чепова за боце, то јест да помогну осемењавање тако што задржавају семе у вагини. Међутим, на примеру инсеката доказано је да је права сврха ових чепова да спрече накнадно спаривање женке са неким од супарника, јер се показало да, ако се експериментално уклони чеп, то нимало не ремети оплодњу. Мужјак комарца баш добро зачепи женку, тако да његово вискозно семе остане „на лицу

113

места" и дуже од једног дана – таман колико да прође период у којем је могуће да се женка поново спари. И мужјаци сићушне воћне мушице жестоко се такмиче око зрелих женки, па први љубавник запечати женкин полни отвор, чиме јој наметне бар телесну верност, кад већ не може духовну.

Са гледишта мужјака, женки лептира се не сме веровати, јер много воли да лети са цвета на цвет, пије нектар и води љубав. Зато се мужјак обезбеђује против њеног „шарања" тако што јој зачепи полни отвор чепом који се зове *сфрагис*. Овај чеп се производи у мужјаковој помоћној полној жлезди – истој оној која излучује омотач сперматофоре – и стврдњава се у додиру са ваздухом. Продужено парење помаже стврдњавању чепа, а чеп служи да мужјака и женку држи спојене за време парења. Али, понекад мужјак мора да плати цену наметања верности, јер, иако сфрагис онемогућава женки да се упушта у накнадне сексуалне подухвате, дешава се да се мужјаков полни орган залепи за њега. Тада лептир мора да свој полни орган остави женки и одлети без њега, што значи крај његове сексуалне каријере.

Обичне механичке препреке нису сигурно обезбеђење против парења. Као што су обијачи брава били на цени у време кад су верност усамљених жена чували катанци, тако ће и сналажљиви мужјаци, који умеју да пробију препреке које су претходни љубавници поставили, имати предност у продужењу врсте. Разуме се да вагинални чепови нису увек потпуно ефикасни у спречавању осемењавања од стране другог или трећег мужјака. Докле год је женка расположена да се пари, нема тог мужјака који може да полаже искључиво право на парење, без обзира на то какву справу је употребио да јој зачепи полни отвор. Зато су неки мужјаци инсеката смислили како да обезбеде да им, после спаривања, женке остану верне и душом и телом.

Aedes aegypti је један од најозлоглашенијих комараца на свету, јер проноси вирус жуте грознице ши-

ром тропске Африке и Америке. Ова болест је десет-
ковала раднике на изградњи Панамског канала, па је
мало недостајало да се градња обустави. Злоћудни ви-
рус преносе милиони оплођених женки, које сисају
крв ради исхране својих јаја. Забијајући рилицу у људ-
ску вену попут жедних вампира, оне даваоцу крви
убризгавају смртоносну инјекцију жуте грознице. Жен-
ке маларичног комарца жедне су само крви, јер, чим
се оплоде, њихова жеђ за сексом је утољена. За то су
се постарали мужјаци, који су им, у свом семену, под-
метнули сексуални седатив. Претпоставља се да је
активан састојак тог седатива један хормон, који жен-
ка брзо апсорбује кроз полни отвор, одакле он прела-
зи у њен нервни систем и гаси јој жеђ за парењем.
Овај хормон има веома снажно дејство „брома": ек-
стракт узет од само једног мужјака довољан је да нај-
мање шездесет четири женке постану фригидне. Из-
гледа да ова антисекс супстанца делује на нерве који
контролишу полни отвор, јер се, после првог спарива-
ња, женки дословно „стегне дупе", па ниједан мужјак
не може да јој продре у полни отвор.

Мужјаци инсеката не спречавају неверство својих
женки само хормонским третманом. Дневни лептири
из породице *Heliconidae* примењују хемијска средства.
Ови лепи лептири, са сомотским црним крилима укра-
шеним црвеним, жутим и наранџастим шарама, живе
у америчким тропима. Они се дрско шепуре на про-
планцима, јер им је тело заштићено отровом. Птице
које занемаре упозоравајуће шаре излажу се опасно-
сти, јер ови лептири имају грозан укус, а ако су напад-
нути, испуштају одвратан смрад. У току спаривања,
мужјак прекрије женкин еротски мирис тако што је
умаже течношћу која тако ужасно смрди да чак и људ-
ски нос осећа одвратан задах осемењене женке. Ова
супстанца садржи хормон који се преноси ваздухом и
који на остале мужјаке делује као антиафродизијак.
Зато сви мужјаци беже што даље од женке која се па-
рила. Вероватно ћете помислити да надобудни љубав-
ници имају неку врсту јаког дезодоранса, како би, у

дослуху са женком, „набили рогове" првом љубавнику. Међутим, није тако, јер женка сарађује са својом првом љубави – поседује нарочите „жлезде" за пријем смрдљиве течности. Поред тога, женке имају на трбуху пар избочина које се, за време спаривања, уклапају у пар жлезданих кеса на телу мужјака. Дакле, иако нам то што мужјак усмрди женку изгледа као подли трик, мора да је и у женкином интересу да, заједно са својим девичанством, изгуби и сексуалну привлачност. Да није тако, не би ни имала органе који помажу преношење смрада.

Мужјацима је монопол у парењу толико важан да су многи заљубљени инсекти спремни да плате највећу цену за искључиво право на репродукцију. Узмимо, на пример, пчелињег трута. Иако деле кошницу са милионима женки, трутови воде фрустриран живот, јер су женке стерилне и програмиране само за рад. Чак ни матици, кад се оплодила, више није до секса. Трутовима је једина нада да се појави нова плодна матица, којој ће накратко затребати трут. Кад невина матица излети из кошнице на брачно путовање, за собом оставља афродизијачки мирис, од којег трутови скроз поблесаве. Сви полете за њом и прогоне је, као ловачки пси у хајци на лисицу. Ова потера се завршава обрнуто од лова на лисицу, јер у пчелињем свадбеном лету гине онај ко је стигао плен. За трута је парење кобно, јер, да би се углавио у матичин задак, он мора да посуврати своју компликовану полну опрему – укључујући „пенис" – што доводи до парализе и убрзо до смрти. Тако је његова прва љубав уједно и последња. И да остане жив, био би неупотребљив, јер му се пенис понаша као експлозивно пуњење – избаци га чим је ејакулирао. Одвајање је тако силовито да се врх „пениса" откине и остане у полном органу матице.

Ипак, насилна смрт трута не сме се посматрати као морбидан чин самоповређивања. Труту се ретко указује прилика за парење, па зато не преза ни од смрти. Оставивши „пенис" у матичином затку, он је запечатио своје семе, чиме је осујетио супарнике. Не жали да изгуби и фалус и живот, јер тиме обезбеђује преношење својих гена на потомство.

Убиствен секс није необична појава. Јавља се и међу пецкавим мушицама званим кератопогониде. У тихо летње вече, кад женке излете из зеленила да би се напиле крви, облаци ових мушица умеју да упропасте шетњу у врбаку поред реке. Женке *Johannseniella nitida* су макијавелисти, јер и за време парења мисле само на јело. Опремљене су маказастим вилицама којима убијају жртву, а у категорију жртве сврставају и своје мужјаке. Кад је мужјак остварио гениталии контакт, женка се, попут мелодрамске хероине која брани своју част, баци на њега и усмрти га. Овде није реч о прејаком љубавном уједу, него о томе да је њој стало само до хране, па га у сласт поједе. Међутим, мужјаков полни апарат остаје у њеном затку, као врло ефикасан чеп за спречавање даљег парења. Мужјак, дакле, полаже живот да би обезбедио верност своје облапорне и бездушне женке и да би био сигуран да је он отац њене деце.

Сви помало сажаљевамо мужјака богомољке, који не може да се отргне из наручја своје „фаталне жене". Богомољке су изузетно спретни ловци, који, једним замахом бодљикавих предњих ногу, муњевито зграбе плен. Кад женка осети мужјака на леђима, и то на дохват руке, ретко успева да одоли искушењу да га поједе. По правилу, она га својом убиственом руком зграби за врат и, за предјело, одгризе му главу. Изгубити главу у љубави и није нека штета, јер глава ионако није најважнија за парење. Овом радњом управља нервни центар смештен у мужјаковом затку. Док женка жваће свог љубавника, његов задак наставља посао, не марећи за кобне последице на супротном крају. За мужјаке богомољке, жртвовање живота је најсигурнији метод размножавања на рачун супарника. Са гледишта женке, сексуални канибализам није изопачен, него чисто прагматичан поступак. Чим се мужјак спојио са њеним полним органом и почео да је осемењује, испунио је сврху свог живота и постао сувишан. Појевши га, она га је искористила за исхрану њиховог заједничког подмлатка, чиме помаже преношење његових гена на потомство. Због овог разлога и женке неких паука једу своје мужјаке.

Овакве бизарне сексуалне стратегије показују да су мужјаци неких животиња потребни само за парење и да постају бескорисни чим су осеменили женку. Разлог за ово је једноставан: опстанак врсте зависи од оплођене женке, па зато сву храну треба препустити њој, уместо да се траћи на сада сувишне мужјаке. Што би се женка бактала око одржавања овогодишњег модела, ако је извесно да ће у наредној генерацији бити нових мужјака? Стога су многе животињске врсте развиле мужјаке за једнократну употребу, са механизмом за самоуништење одмах после спаривања.

Ако се полни чин сматра грехом, мужјаци многих животиња дебело плаћају за своје грехе, чак и без помоћи „фаталне жене". Понекад је смрт изазвана посредно, као у случају антилопе сајге из руских степа. У сезони рике, мужјаци су толико обузети парењем да немају времена да једу; после јесење оргије, толико су смршали и изнурени да већина угине чим стегне први мраз. Насупрот томе, женке све време пасу, па остају дебеле и здраве преко целе зиме. И многе рибе угину после мрешћења. Догађа се да по која женка лососа преживи до следећег мреста, али мужјаци неизоставно угину пошто избаце млечац. Парење је, обично, убиствено и за сипе и хоботнице.

Треба да будемо захвални што су, међу сисарима, мужјаци за једнократну употребу прилично ретки. Један такав мужјак постоји у Аустралији. Мужјак торбарског миша *Antechinus stuartii* скупо плаћа своју јединственост – доживљава најцрњи антиклимакс. Кад би мужјаци овог торбарског миша могли да предвиде своју будућност, ужаснули би се при помисли на пролеће, јер им после тога нема живота. У пролеће, њихов груб, жесток групни секс траје по три до четири дана и, пошто су извршили своју дужност, они сви до једног угину. Сецирањем је установљено да им је, после парења, организам скроз пропао од силних инфекција, оболеле јетре, унутрашњег крварења и чирева. Није се знало шта уствари изазива ова тешка обољења, све до недавно, када је једна група биолога, која је радила на овом проблему на Универзитету Монаш у Мелбурну, обзнанила део одговора. Утврдили су да се животни век мужјака може знатно продужити ако му се наметне целибат. На основу тога је закључено да их, на неки начин, убија сам полни чин. Спаривање изазива кобну навалу кортикостероида. На сличан начин реагује и организам животиња изложених снажном стресу, као што је на пример, пренасељеност. Тада сви мужјаци напрасно угину, чиме олакшавају опстанак женкама и младунцима. Необично је што веома мало сисара примењују ову технику. Сва срећа те су наши преци ценили да је мушкарац употребљив и у друге сврхе осим за парење и да је, у биолошком смислу, исплатив. Ипак, зла судбина антехинуса требало би да послужи као опомена свим мушким егоистима, јер, у животној игри, необичности умеју да уђу у моду.

Секс може бити опасан и по људе. Сви ми ризикујемо да умремо у току полног чина или непосредно после њега, нарочито ако смо се упустили у ванбрачни полни однос. Опасност се крије у чињеници да страст, још ако је зачињена осећањем кривице, натера пулс на близу 120 откуцаја у минуту и толико подигне крвни притисак да и савршено здрави љубавници повремено добију главобољу после полног односа. Људима слабијег здравља може се појавити бол у грудима – ангина пекторис – или штошта горе. Према једном јапанском истраживању, од укупно 5.000 напрасних смрти, шест жена и двадесет осам мушкараца умрло је од срчаног удара после вођења љубави; један од тих веселника умро је прве брачне ноћи, зато што је претерао! Од ових двадесет осам мушкараца, двадесет један је имао ванбрачни полни однос. Наравоученије: клоните се љубавних излета ако немате здраво срце!

Други начин постизања сексуалне економичности јесте путем смањивања мужјака. Патуљци се више исплате, јер мање једу; уз то, понекад им је исхрана другачија од исхране њихових крупних женки, па нема отимања о храну. Такође, мужјак и женка се трајно везују, нарочито кад има мало прилика за парење, тако да њихова љубавна веза траје доживотно. Ово је случај са најмање четири врсте дубинских пецача, риба које живе у мрачним морским дубинама, где је живот редак. Полови одржавају веома блиске односе, утолико што женке, дугачке цео метар, никада не напуштају своје мужјаке, велике свега 5–6 cm, са којима су спојене у једно тело. Наиме, млади мужјаци слободно пливају, али ако се неком од њих посрећи на налети на женку, он се причврсти за њу тако што јој зарије своје оштре зубе у тело. Потом се догађа нешто изузетно. Пошто се причврстио, патуљасти љубавник постепено губи личност, јер се његово тело стапа са женкиним, све док се не створи и заједнички крвоток. Ово му дође као врхунац женске еманципације – мужјак је, најзад, сведен на дегенерисаног роба, на обичан тестис који послушно испушта семе кад год се женки прохте да се мрести.

Појединости о полном животу ове рибе дуго су остале тајна; сматрало се да она и нема полни живот, јер су све уловљене јединке биле женке. Истина је откривена тек кад је неко мало пажљивије загледао мале меснате израслине на телима женки и утврдио да су то, уствари, паразитски мужјаци и да их свака женка има по пет-шест. Дакле, у сезони мреста, женка не мора да тражи мужјака, нити да се с њим отима о храну, па је, у неку руку, постала самооплодни хермафродит.

Крајњи домет економичности јесте да се мужјаци потпуно елиминишу и да женке живе у целибату, без љубавних трзавица. Неколико развијених животиња одрекло се сексуалне везе.

Партеногенеза, безгрешно зачеће или репродукција путем неоплођених јаја, уобичајено је међу ин-

сектима као што су термити, пчеле, мрави, паличња-
ци и лисне ваши. За њих ово решење представља
огромну предност, јер се чисто женска врста може
размножавати два пута брже од популације у којој је
половина јединки мушког пола. У периодима обиља
хране, економично је да се заборави на путена задо-
вољства (ако их ови инсекти уопште имају) и да се
размножавање одвија бесполним путем. Као што ба-
штовани добро знају, лисне ваши то изводе у току
пролећа и лета. Кад заструје сокови и биљке нагло
почну да расту, лисне ваши прелазе на целибат. Свака
женка се претвара у монтажну траку. Штетна црна
пасуљева ваш свакодневно рађа по двадесет пет кће-
ри, које ће сачувати невиност, али ће већ сутрадан и
саме почети да рађају женке. Могућност увећања по-
пулације је огромна. Међутим, огромна је и цена, јер
се партеногенеза постиже по цену губитка генетске
разноликости. Пошто су генетски сличне, све мајке,
кћери и баке су сличне као јаје јајету. Ако се јединке
међусобно разликују, врста се обезбедила од будућих
промена у животној средини. Због тога се, после сва-
ких двадесетак генерација, лисне ваши и паличњаци
враћају сексу, како би врсти повратиле неопходну ра-
зноврсност.

Такво враћање на секс није забележено међу кич-
мењацима који се размножавају партеногенезом.
Први аутентичан случај партеногенезе забележен је
1932, кад је установљено да се тексаска рибица моли -
Poeciliops formosa – размножава без помоћи мужјака.
Убрзо потом, 1935, истакнути британски херпетолог
др Малколм Смит уочио је необичну појаву – да је ин-
дијски гекон *Hemidactylus garnoti* познат искључиво
по женским јединкама. Двадесет година после тога,
совјетски зоолог Ј. Даревски је, у току теренског рада
на Кавказу, прикупио преко 5.000 примерака гуштера
Lacerta saxicola, али међу њима није пронашао нијед-
ног мужјака. Он је ову загонетку решио тако што је
спровео подробан истраживачки програм и доказао
да изоловане женке легу јаја, из којих се излежу пот-

пуно здраве женкице. Врло ретки мужјачићи би били углавном дефектни и одмах би угинули. Године 1958. запажено је да су бичорепи гуштери *Cnemidophorus tesselatus* из области Биг Бенд у Тексасу све саме женке; накнадним експериментима потврђено је да се оне сналазе без парења. Додуше, пронађени су и мужјаци, алу у тако малом броју да се партеногенеза узима као главни метод репродукције. Отада је пронађено много чисто женских друштава гуштера и змија, као и шачица једнополних даждевњака.

Учесталост појаве партеногенезе међу животињама које се налазе повисоко на еволуционој лествици, као што су гмизавци, захтева озбиљан приступ. Поука из овога јесте да мушки пол није увек неопходан, чак ни међу сложеним животињама. Овај метод продужетка врсте идеалан је за живот на пустим острвима: усамљена женка не мора да тражи мужјака, јер ће ускоро почети да насељава острво и без његове помоћи. У пракси, бичорепи гуштери не путују преко седам мора и седам гора, али се догађа да женка наиђе на ненасељено подручје и испуни га својим потомцима, не чекајући на мужјака.

Има и другачијих облика самодовољности, недевичанских, који захтевају употребу оба комплета полних органа, али где сваки пол „опаљује" сам себе, уместо да „одради" партнера. Бисексуалност привлачи пажњу још од времена античких Грка, који су ценили телесну лепоту колико и интелектуалну узвишеност. Сматрали су да је, у неку руку, свако људско биће „двополно"; овај став су изражавали обожавањем Хермафродита на Кипру. Овај двојаки бог имао је браду и добро развијене мушке полне органе, али се облачио као жена; понекад су му, као приде, додаване и женске груди. Упркос свом узвишеном статусу, богови са мешовитим телом били су далеко од самодовољности у погледу полног живота, јер је сваки од њих био неупотребљив мозаик мушких и женских делова, полумушкарац и полужена, а половичан пол не врши посао. Људски хермафродити – како називамо ону неколицину људи неодређеног пола – само су несрећне жртве абнормалног развоја, те срећу у полном животу могу постићи само уз помоћ хируршког ножа.

Животињски хермафродити су нешто сасвим друго: сваки је дословно двополне грађе и има комплетне мушке и женске репродуктивне органе. Међутим, нису сви способни да сами себе оплоде. Већина врста глиста је бисексуална, али им положај њихових полних органа онемогућава самопослуживање. Зато је свакој глисти потребан партнер са којим ће разменити и јаја и семе. То ради већина хермафродитских мекушаца и лопара. Уосталом, узајамна оплодња обезбеђује неопходну разноврсност подмлатка.

Ипак, има животињских врста које су одбациле генетске предности узајамне оплодње, па саме себе опслужују. Међу њих спадају слободни и паразитски пљоснати црви. С обзиром да пантљичара живи сама у домаћиновој утроби, способност да се пари сама са собом обезбеђује јој опстанак. Тело пантљичаре је трака састављена од репродуктивних сегмената, који стално израстају иза главе. Сваки сегмент садржи комплет мушких и женских полних органа, при чему су „пенис" и вагинални отвор смештени једно до другог у заједничкој гениталној пори. Овакав размештај изгледа згодан, јер је полни живот пантљичаре компликован, утолико што мушки и женски полни органи сазревају различитом брзином. Док јаја сазру, тестиси су се већ дегенерисали. То значи да су млади, предњи сегменти функционално мушки, а старији, набрекли задњи чланци су женски. Парење се обавља тако што се пантљика преклопи, чиме се одговарајуће гениталне поре поклопе. Можете замислити какво комешање настаје кад се самоспарује широка рибља пантљичара, која достиже дужину од двадесет метара и разара пробавне органе становника Прибалтика.

Сексуално самопослуживање није увек лако доказати, чак и кад је познато да је животиња бисексуална. На пример, пљоснати црви који пузе по дну бара и потока узајамно се оплођују. Сваки има пенис који улази у вагину његовог бисексуалног партнера. Међутим, америчка врста звана *Curtisia foremanii* сама себе опслужује. Ово је доказано у лабораторији, тако што су црви држани у доживотној изолацији. Кад су сазрели, ови усамљеници су производили расплодне чауре. И чауре су држане у изолацији, али су се репродуковали и црви који су се излегли из тих чаура. Предузете су строге мере за спречавање потајног парења и партеногенезе. Пошто су три генерације овог црва одгајене у потпуној изолацији, закључено је да они сами себе оплођују, али је још увек тајна *како* то изводе. Неки морски пљоснати црви ухваћени су на делу док сами себе оплођују, савијеног тела, како би пенис допро до „вагине", али још нико није видео како то ради куртисија.

И лопар постаје двострука личност у сезони парења. Као што смо видели, он може да се истовремено понаша као мужјак и као женка. Ово му потпуно одговара, јер може да, својим паром „далекометних" пениса, води љубав са суседима. Међутим, ако су потенцијални партнери толико удаљени да их не може досегнути пенисима, лопар прибегава резервној стратегији – самооплодњи. За обичног обалског лопара, највећа удаљеност на којој се може парити је 5 cm, јер највише толико може да испружи пенис. Чињеница да изоловани лопари често дају потомство представља доказ да су способни да интерно ејакулирају и оплоде сопствени насад јаја; ово је драгоцено за раштркане јединке које живе високо на обали, или за усамљене јединке на кућицама покретних морских пужева. Њихова плодност је много мања од плодности лопара који се узајамно осемењују; међутим, боље је произвести и врло мало лопарића него ниједног.

Међу хермафродите који сами себе оплођују спадају и неке рибе. Једна од најнеобичнијих је зубати шаран *Rivulus marmoratus,* који живи у бочатим водама Ки Веста, Кубе и Бахама. Иако се већина зубатих шарана пари, при чему мужјаци убризгавају семе кроз цевасто анално пераје опремљено прихватним

кукама, *Rivulus* нема потребу за друштвом. Свака је-
динка је самостална производна јединица, која посе-
дује комбинацију јајника и тестиса – *овошесшис*. Кад
јаја крену из јајника, она су већ осемењена, без потре-
бе за спаривањем. Ту и тамо је уловљен по који прави
мужјак, али прави мужјаци су веома ретки, иако су
вероватно потребни да би повремено унели мало ге-
нетске разноврсности.

Међу икрашима, морски грегечи обухватају и неко-
лико бисексуалних врста, као што је вучић или пијер-
ка *Serranus scriba* из Јадранског и Средоземног мора.
Најизраженији пример хермафродитизма наћи ћемо
на коралним гребенима Флориде и Мексичког зали-
ва, где живи пругасти вучић *Serranelus subligarius*.
Спортски рониоци, који више воле да посматрају ри-
бе уместо да их убијају подводном пушком, запазили
су необично понашање вучића за време мреста; на-
име, они су сваки час мењали полне улоге. Прво би се
једна риба понашала као женка, чак би бацала икру у
присуству мужјака, а следећег тренутка би променила
боју и сексуално понашање и почела би да се врзма
око „женки“ и просипа млечац по њиховој икри. Пру-
гасти вучићи не мењају пол, него само полну улогу,
јер су амбисексуални и поседују како мушке, тако и
женске гонаде.

Занимљиво је да неке врсте риба трајно мењају
пол, ради размножавања без плаћања генетске казне
за потпуно уклањање мужјака. На крају крајева, путем
полне репродукције мужјаци помажу да се промеша
генетски шпил карата. У случају рибе *Anthias squami-
pinnis*, која живи у Црвеном мору, незреле јединке и
зреле женке чине огромну већину врсте. Зрелих му-
жјака има мало, али довољно да задовоље полни
прохтев женки. Експериментално је утврђено да се
„драгоцени“ мужјаци стварају само ако постоји по-
треба за њима, то јест, ако се превише прореде. Ако
се то догоди, неколико женки се претвори у мужјаке.
Овај систем омогућује готово свакој јединки да прои-
зводи млаћ на хиљаде.

Развратни чунолики пужеви прилепци *Crepidula fornicata* једни су од многих мекушаца који мењају пол. Ко је прошетао поред мутних равничарских потока у југоисточној Енглеској или на северној обали Холандије и Немачке, зна како изгледају шкољке чуноликих пужева. Ови пужеви имају необичан обичај да се слажу на гомиле, тако што се један причврсти за леђа другог и тако редом, све док се не створи „штос" од осам или девет јединки, као преокренуте шољице наслагане једна преко друге. Та гомила је резултат необичних полних потреба прилепка. Кад млади прилепци, који живе слободно, достигну зрелост, преображују се у страствене мужјаке са великим пенисом. Кад га спопадне жеља да испроба свој пенис, мужјак се креће све док не успостави контакт са другим пужем прилепком. Ако је тај прилепак старија јединка, имаће и пенис и вагину. Дошљак испружи свој меснати пенис и завуче га у домаћинов полни отвор. Али, најбоље тек долази, јер прилепак има дупло задовољство. Наиме, он се постепено преображава у женку. У току преображаја, његове гонаде почињу да производе и јаја и семе, а на боку му се појави вагинални отвор. У овој фази, кад још није довршена промена пола, њега-њу ће зајахати неки млађи мужјак, који ће му набити пенис у тек настали женски полни орган. Тако ће прилепак једно време имати дуплу уживанцију, јер ће бити љубавница пужа који је на њему и љубавник женке која је под њим. Нажалост, овај двоструки секс је кратког века, јер прилепак убрзо постане права женка. Док стигне до дна ланца – пошто шкољке испод њега угину – његов пенис се већ смежурао и ишчезао.

Кад паразитски рачић водена ваш *Lironeca convexis* мења пол, он мења и станиште. Као и чунасти пужеви, ови мали љускари започињу живот као прави мужјаци. Док су млади, живе у шкргама појединих врста скуше. Чим одрасту, мужјаци се преселе у њена уста, успут се преобразивши у женке.

За слепе путнике и досадне наметнике, попут водених ваши, постараће се професионални чистачи, рибе из породице уснача, које ординирају у приобалним водама тропских мора нудећи услуге зараженим муштеријама. Једна од најраспрострањенијих врста је *Labroides dimidiatus,* риба са црно-плавим пругама, код које промена пола зависи од стања у друштву. Рониоци који посматрају коралне гребене приметили су да се рибе чистачи строго држе своје територије. Свака стена има посебну екипу чистача, која приљежно ради свој посао. Овај подводни мир поремети се само кад наиђе уљез из суседне фирме за требљење, па се домаћи чистачи покошкају са њим и најуре га.

Агресија има кључну улогу у животу уснача чистача. На свакој територији постоји по један деспотски мужјак, који, чврстом руком, влада својим харемом од пет-шест женки. Он мора да се тако понаша – да стално доказује да је газда у кући, иначе ће једна од женки променити пол и преотети му власт. Његове женке уопште нису оно за шта се издају – свака је прикривени мужјак! Пре него што потпуно одрасту, ове рибе постају хермафродити, али, с обзиром да су младе и неискусне, придружују се харему, као његове најниже припаднице. Ту их сви кињe, што потискује њихове мушке особине, па постају послушне супруге. Прилика да промене пол и статус указује се кад угине деспот који влада јатом. Свега сат-два после његовог нестанка, најдоминантнија женка постане мушкобањаста и агресивна и почне да се понаша попут свог изгубљеног господара. Прелазак на мушку улогу у мрешћењу траје мало дуже, али ће, ипак, у року од четири дана, „она" довршити преображај у правог мужјака, под условом да је, у току преображаја, не претекне доминантнији мужјак из суседства. Ако наиђе такав мужјак, прописно ће је испрашити – на рибљи начин – и приморати је да остане покорна женка.

Ова повезаност моћи и пола сасвим је разумљива. Женка која се довољно докаже да постане главна у харему, доказује да је једна од најуспешнијих јединки у својој врсти. Међутим, с обзиром да је женка, њене репродуктивне могућности су ограничене. Једини начин на који може да повећа свој допринос наредном нараштају јесте да промени пол, преузме харем и оплођује јаја неколико женки. Логика система риба чистача је разумљива, али је загонетка зашто и друге животиње нису искористиле овај систем.

Нећете веровати, али и у жена има доказа о вези између површне промене пола и статуса. Људи који „промене пол" често изађу у новинама, јер су, по правилу, њихове животне приче голицаве и зачињене скандалима. Има сијасет примера девојчица које су на рођењу проглашене за мушко и добиле мушко име, па до двадесете године живота изгубиле девичанство. Ни млада и младожења пред олтаром нису увек оно за шта се издају. Једна „младожења", која се успешно претварала и чији женски пол је откривен тек после венчања, изјавила је да је неважно што јој је тело женско, јер мисли и осећа као мушкарац, па је, што се тиче ње и њене невесте, она мушко. Брат Дејвид, некадашњи краљев лакеј, био је у фази промене пола – уз помоћ лекара – кад се, 1974. године, зاредио у Англиканској цркви. Иако се заветовао на богоугодан и непорочан живот, после свега годину дана га је савладала жеља да буде женско, па је тако откривен! Него, шалу на страну, питање промене пола у људи оптерећено је бројним погрешним представама. Мушкарци и жене могу да промене пол колико и да се претворе у шимпанза, јер је наш пол генетски одређен још од зачећа. Он је непроменљиво и неизбрисиво записан у хромозомима сваке ћелије нашег организма. У врло ретким случајевима, распоред хромозома се поремети, па генетска жена има мушко тело, али не и потпуну оплодну способност мушкарца. Има и обрнутих случајева, кад се дете зачето као мушко развије у жену са незнатном аномалијом полних органа. Овакви људи су, углавном, задовољни својим полом.

Операција „промене пола" је погрешан израз. Наиме, мале преправке могу помоћи оној несрећној ма-

128

њини која пати од побркане представе о својој полној улози. Ови „транссексуалци" ретко имају било какву хормоналну или хромозомску аномалију, а ипак их њихова болест доводи до очаја због оног што им је природа подарила. Спретном пластичном хирургијом, ови пацијенти добијају нов изглед полних органа: од мошница се направи вагина, или се на стидну кост причврсти вештачки укрућен „пенис". Међутим, тиме се мушкарац не промени у жену, него и даље остаје мушкарац – или евнух – који изиграва жену. Жена која уђе у операциону салу изаћи ће из ње као жена, мада ће јој касније бити лакше да игра доминантну мушку улогу, јер може да пиша стојећки и да продре у вагину своје лезбијске партнерке.

Изгледа да играње улоге има пресудан утицај на полну хемију жене. Жене које учествују у суровој менаџерској игри, у којој су самоувереност, власт и лични утицај неопходна оруђа за пробијање ка врху, морају да поседују мушку амбициозност, да буду немилосрдне и да умеју да издрже стрес. У целини узев, ово нису природне особине жене – женска снага је другачија. Занимљиво је да има доказа да у неких снажно мотивисаних, агресивних жена наступају промене хемије јајника. Уместо да луче естроген – „женски" хормон – јајници почну да производе и мушки хормон, тестостерон. Зато није чудо што се такве жене доминантно понашају. Мада имају успешну каријеру, неке губе спољашње одлике своје женскости, због чега трче код лекара. Нажалост, хормон који им омогућује да, суздржавајући гнев, самоуверено лупе шаком о конференцијски сто, може да изазове појаву неугодних маља изнад горње усне, неплодност и симптоме менопаузе већ у раним тридесетим годинама живота. Паралела са рибом чистачем је веома јасна!

Ако пажљивије размотримо понашање које нам на први поглед изгледа настрано и изопачено, видећемо да је „нормално", јер обезбеђује опстанак. Узмимо трансвестизам: у људском друштву, он је прихватљив само на позорници. У природи, међутим, трансвестити су стварно прихваћени. Потчињени мужјаци јужноамеричке лист-рибе стално су прерушени у женке, како би могли да се такмиче са мужјацима који су им надређени. Главни шефови, тамни, пегави и упечатљиви, стражаре пред рупама у које доводе женке на мрешћење. Секси женке су жућкасто-ружичасте, али њихове боје су непостојане и мењају се у зависности од расположења и статуса. Мужјак који нема сопствену „гајбу" прерушава се у женку, тако што поприми њене боје и понашање. Одевен као трансвестит, он креће у сексуалну саботажу. Кад наиђе на заљубљени пар који само што се није измрестио, он уђе у рупу. Наравно, власник „гајбе" би се разбеснео кад у свом стану угледа супарника и сместа би га избацио, али, како је уљез ружичаст, домаћин закључи да је то само женка која чека да је он подмири, па зато ејакулира. На то и прерушени мужјак ејакулира, те тако успе да оплоди по коју туђу женку пре него што стекне сопствену територију. Ово је пример трансвестизма у служби хетеросексуалности.

У животињском свету, све технике парења служе једном крајњем циљу – продужењу врсте. Зато су хомосексуална застрањивања контрапродуктивна, мада не увек. Кад женка подражава сексуално понашање мужјака, она то углавном чини да би стекла предност у репродукцији. Узмимо, на пример, краве. Догађа се да две краве почну да се понашају као пар лезбијки, при чему једна од њих опонаша бика. Она заскочи партнерку и уверљиво подражава све што ради бик у току спаривања, чак и покрете карлице којима бик забија пенис. Обично је једна од ових крава у полном жару; зато је њено понашање још загонетније, јер јој је у интересу да привуче бика, а не да игра непродуктивну лезбијску игру. Могуће је, међутим, да овакво добровољно понашање двеју крава има за циљ да привуче пажњу бика. Наиме, говеда, као и многи други папкари, живе у великим, углавном женским крдима, са једним господаром, који настоји да се спари са сваком која се успалила. Међутим, у тако великом харему, бику није лако да примети сваку краву која је одједном ушла у еструс, али ће свакако приметити кад је нека крава заскочена. Учиниће му се да је она одозго бик који угрожава његову превласт, па ће дотрчати да провери. Кад приђе, видеће да су то само две краве које се блесаве и да је једна од њих спремна за њега. Дакле, опонашајући бика, успаљена крава постиже да јој бик дође много брже него ако изиграва финоћу.

Педерастија се јавља међу многим животињама. Примећени су парови мужјака лигњи који један другом убацују пакете семена у телесну шупљину. И мужјаци гуштера у заробљеништву често се паре са припадницима свог пола. Хомосексуалност је широко распрострањена међу патками и рибама, а нису неуобичајени ни полни односи између мужјака сисара. Ови односи се често могу објаснити недостатком женки. Најчешће се јављају у зоолошким вртовима, акваријумима и јатима патака, где царују свакојаке настраности. После дуготрајне сексуалне изгладнелости, мужјаци почињу да прихватају сурогате. Најсличнији женки је мужјак исте врсте, нарочито ако је млад, јер изгледа женственије од зрелог мужјака. Није случајно да се неки мушкарци, ако нема жене, окрећу дечацима. Ово се догађа и међу животињама, где, на пример, бизон, фрустриран чекањем да се женка смилује, уме да га збичи незрелом мужјаку. Млади мужјаци бизона немају браду и гриву, што су одлике мушкости, те личе на своју мајку.

Што се тиче гуштера, спољашње одлике полова су веома сличне; оба пола имају клоаку, па, у недостатку женке, мужјак уме да употреби мужјака. Међутим, добровољан полни однос између мужјака сисара је, у техничком погледу, мало тежи. Једина могућност је анални однос. Чак и у хетеросексуалном полном односу, мужјак понекад пронађе нову ерогену зону: многи мачор је добио шамарчину јер га је стерао мачки у погрешну рупу, а понекад и вепар обави анални однос. Запажено је да неки индијски слонови остварују ректални контакт и ејакулирају у женкином анусу. Ово правило важи и за педерски полни однос: пасивни мужјак стоји мирно, понекад се чак и намести као женка, па га активни мужјак зајаше, изврши ректалну пенетрацију и ејакулира.

У недостатку било каквог сексуалног партнера, а и у случајевима друштвено неприлагођених јединки, једини избор је мастурбација. Мастурбација је честа појава међу сисарима, о чему је већ било речи у претходним поглављима. Упражњавају је оба пола. Женке на врхунцу полног жара понекад ритмички трљају полни орган о земљу или о оштре избочине, чиме постижу надражај, као да им пенис улази и излази. Мачке редовно прибегавају оваквој имитацији полног односа. Домаћи вепрови трљају пенис о под свињца, балу сламе или неки други предмет.

Лако је разумети неке „фетише“, јер има предмета који подсећају на стварну женку. У југозападној Енглеској је један делфин често прилазио обали и увесељавао туристе својим враголијама. Посебно су га привлачили чамци, нарочито гумени: стално их је љубакао и трљао се о њих. Кад би туристи само знали шта се догађало под водом! Они који су пажљиво пратили његово понашање, приметили су да је полно узбуђен. Кад год би пришао чамцу, исукао би свој велики, ружичасти пенис и мастурбирао би трљајући га о труп чамца. Делфини су друштвене животиње, али је, због нечега, овај био прогнаник жељан друштва. Пошто у близини није било других делфина, можда су му гумени чамци са сивом „делфинском кожом“ представљали какву-такву утеху.

Бикови често мастурбирају тако што се изгрбе, па истерују и увлаче свој фиброеластични пенис, све док се довољно не надраже да избаце семе. Што се тиче примата, већина их је идеално грађена за самозадовољавање, јер имају дуге руке и спретне прсте. Мајмуни редовно мастурбирају, чак и кад су им на располагању привлачне и полно активне мајмунице. Примењују разне методе постизања задовољства; на пример, чине покрете карлицом као да набијају пенис у земљу. Неки су, чак, способни да изведу невероватну акробацију сисања сопственог пениса. Мајмуни су велики заљубљеници у „ручни рад": лабаво обухвате укрућени пенис руком, стварајући сурогат вагине, па мастурбирају. И женке су спретне – мастурбирају тако што прстом чачкају клиторис. Женке малог талапоин мајмуна из шума мангрова у мочварама Екваторијалне Африке наместе се у положај за парење, па чачкају клиторис. Кад се узбуде, пуштају исте крике и праве исте гримасе као кад се заиста паре са мужјаком.

С обзиром да припадамо полно најактивнијој врсти на свету, није никакво чудо што су мушкарци и жене велемајстори самозадовољавања. И дечаци и девојчице експериментишу са мастурбацијом. Ово чак може попримити облик такмичења. На пример, дечаци из индијанског племена Кроу групно мастурбирају да би измерили чији пенис је већи и видели ко ће најдаље ејакулирати! Овакве игре нису непознате у спаваоницама мушких интерната. На основу досадашњих истраживања, а било их је много, може се закључити да је, до навршених двадесет пет година живота, редовно мастурбирало 90 посто свих мушкараца, а да је 70 посто свих жена често доводило себе до оргазма. Поред надраживања полног органа прстима, жене су одувек користиле свакојаке предмете као замену за „праву ствар", укључујући корење разног поврћа, краставце и банане. Велики труд и вештина уложени су у производњу вештачких стимулатора, као што је пенис на батеријским погон, који неуморно улази и излази. За жене које желе целодневну срећу измишљено је специјално доње рубље, чија сврха је да стално доводи до оргазма. Један део ове опреме је тесна танга са уграђеним вештачким пенисом и јастучетом које притиска клиторис, а други део је мекан грудњак обложен гуменим шиљцима, са назубљеним отворима за брадавице. Са оваквим гаћицама и грудњаком, сваки покрет снажно стимулише по неку ерогену зону. Што се тиче мушкараца, они могу да купе пнеуматску направу за мужу пениса, лутке на надувавање и јастуке за мастурбацију. Полни однос између мушкарца и жене често подразумева ручно мастурбирање, док редовно упражњавање соло секса зависи од склоности и околности.

Упркос свеприсутности мастурбације и чињеници да представља прилично нормалан сексуални одушак развијених животиња, западне цивилизације су је оцрниле више од било ког другог облика сексуалне активности. Ово потиче од прастарог страха да ће људска раса изумрети ако се људи не множе. Стога су вероучитељи прибегавали Светом писму, осуђујући просипање семена као Онанов грех (отуда израз „онанизам"). Према Светом писму, Онан није хтео децу са удовицом свога брата, па је, у одсудном тренутку, просипао семе на земљу. Отада богобојажљиви људи бркају две подједнако нешкодљиве радње, мастурбацију и „коитус интеруптус"! Још увек колају приче да ће дечаци који мастурбирају ослепети, полудети, изгубити памћење, или ће им се осушити кичма.

Иако је већини нас одвратан, полни однос људи са животињама је много распрострањенији него што мислите. На пример, рибари са афричке обале близу Момбасе воде љубав са сиренама. Немојте им завидети, јер су сирене далеко од заводљивих морских лепотица које – према легенди – намамљују морнаре да скоче са брода и нестану у мрачним дубинама. Ове сирене су, уствари, морске краве, или *дугонзи*. Женке би могле да буду колико-толико привлачне за мушкарца, утолико што имају пристојне дојке, сличне женским, али су иначе, према нашим мерилима сексуалне привлачности, веома ружне – имају лице од којег би спао и најтврђи људски пенис. Кад кенијски рибар улови женку морске краве, извуче је у чамац и почини содомију над мртвом или умирућом животињом. Од памтивека су ловци празнили сексуалну фрустрацију на свом мртвом плену, али жива животиња је бољи сурогат сексуалног партнера. Широм света, мушкарци свих боја и вера открили су да је полни орган кобиле подношљива замена за орган жене. Међу њих спадају и Масаји, који сматрају да је вежба битна за успех у вођењу љубави, па се прихватају магарица, ризикујући да их ове ритну тамо где највише боли. Међутим, данас се у Европи и Северној Америци на содомију гледа веома неповољно. По који шталски момак доспе на суд, под оптужбом да је ухваћен на делу иза краве. Ипак, мора да је у средњовековној Енглеској та врста забаве била уобичајена, све док краљ Хенри VIII није нашао за сходно да на тренутак стави на страну своје брачне трзавице и донесе закон према којем содомија представља кривично дело. Ни жене нису безгрешне. Јахање коња није само спорт. Полни однос на коњу приписује се коњаничким народима, као што су Татари, али и гаучима, који то изводе тако што мушкарац јаше у нормалном положају и управља коњем, а жена јаше са лицем ка мушкарцу. Чак и кад јаше сама, жена не осећа само ветар који јој мрси косу – многим женама је лепо кад их коњска леђа ударају по препонама. Љубав према коњима може попримити и много изричитији облик. У томе је руска царица Катарина Велика отишла предалеко: толико је обожавала да се пари с коњима, да је наредила да јој се направи нарочита платформа, која је издржавала тежину њеног коњског љубавника, док би она, натрћена испод платформе, уживала у онолико његовог огромног фалуса колико је људски могуће. Нажалост, једног дана се платформа срушила под тежином пастува и убила је, те је несрећна царица овај пут превремено свршила.

Љубав са коњима и магарцима потиче још из доба античких Грка и Римљана, који су били опчињени парењем између људи и животиња. И у наше време постоји знатна заинтересованост за зоофилију. Часописи о содомији имају велики број читалаца. На страницама скандинавског часописа *Animal Bizarre* виде се наге лепотице које су се подвукле под трбух вепра или пастува, па уживају натакнуте на огромни пенис свог животињског љубавника. Ове фотографије указују и на то како се животиње наведу да се узбуде. У случају пастува, извесно је да га није узбудила женска стражњица; узбудио га је мирис кобиле у полном жару, привезане ван видног поља камере. Кад осети полни мирис кобиле, пастув добија ерекцију, па манекенка испод њега има чиме да се игра.

Пси су другачији. Ако су одмалена гајени у друштву људи, у сваком погледу ће одбацити сопствену врсту, у корист својих господара и господарица. Свима нам је познато како сексуално фрустрирани кућни пси поздрављају госте ерекцијом. Уз мало помоћи, хуманизовани пас се може навести да се попне на своју господарицу и оствари полни контакт. Могу се навићи и да својој господарици лижу вулву. На једној слици Уемуре Шоена, великог јапанског еротског уметника, приказана је жена која је прислонила веома надраженог пса уз своју „шубару", при чему обоје изгледају презадовољно. Теоретски узев, зоофилија нема граница: има мушкараца који се задовољавају гурајући га у уста раже и жена које користе змијски реп. Чак је забележен и случај једног Јужноафриканца који је оставио жену због женке крокодила!

Кућни љубимци који су у великој мери „хуманизовани" заиста покушавају да се паре са својим власницима. Ова хомофилија уме да буде врло непријатна. За потребе својих истраживања, истакнути немачки етолог Конрад Лоренц одгајио је много пачића. У сезони парења је надрљао, јер му је један патак, који га је много волео, показивао дубину својих осећања тако што му је стално слетао на седе чуперке и поштено га „газио".

Осим оваквих појава, тешко је наћи значајне примере парења између различитих врста животиња. Ако га и има, догађа се између врста које су у блиском сродству. Има случајева парења између коња и магараца, лавова и тигрова и тако даље. Међутим, природа није наклоњена таквим односима, јер се из њих рађају неплодни и неприлагодљиви младунци. Полни живот гавчиће бизаран је колико и сваки однос између различитих врста. Гавчици, европској слатководној рибици, за размножавање је потребна помоћ школьке. Гавчице су икраши, а ипак испада да се и мужјак и женка паре са школькама! Кад је спреман за парење, мужјак се удвара својој трбушастој невести и води је до отворених капака слатководне школьке. Из женкиног полног отвора вири дугачка расплодна цевчица, и кад је спремна да баци икру, она „до балчака" зарије цевчицу у школьку. Циљ је да се школькина шкржна шупљина искористи као инкубатор. Женка хитро извлачи цевчицу, што је сигнал за мужјака. Мужјак, који нема пенис, већ само малу „квржицу", прилети школьки, завуче стражњицу међу њене отворене капке и штрцне млечац.

Гавчица води љубав са школьком само зато што јој је то потребно за размножавање, што се не може рећи за пчеле и муве, које одлазе проституткама. У свету животиња, мужјаци ретко морају да дају мито или нуде разне услуге како би се спарили, па нема много случајева проституције. Веома ретко се по која мајмуница прокурва, па даје „оно" за једино што јој је важно – за храну. Ипак, у природи су најбољи „квартови црвених фењера" ливаде и пашњаци, где „ради радњу" неколико необичних врста орхидеја. Године 1745, истакнути шведски ботаничар Карл фон Лине записао је да цвет орхидеје *Ophrys insectifera* толико личи на муву да, на први поглед, изгледа као права мува која је слетела на стабљику. Цвет пчелице – како се ова орхидеја назива – није једини цвет који опонаша инсекта. Неки изгледају као праве пчеле или осе. Толико су уверљиви да сигурно постоји разлог за њихов изглед. После два века јаловог теоретисања, ботаничари су се, најзад, досетили да погледају шта се догађа на терену, па су дошли до невероватних открића. Инсекти углавном слећу на цветове да би сакупљали нектар и заузврат их опрашивали. Међутим, ове орхидеје немају нектар. Уместо да буде посластичарница, сваки цвет орхидеје је као бурдељ за мужјаке неких врста зоља, пчела и оса. Свака врста орхидеје има сопствену клијентелу. Главни клијенти бурдеља су мужјаци лисних зоља, рогатих пчела, оса копачица и оса најезница. Аустралијска орхидеја *Cryptostylis* је бурдељ за осе потајнице. Мужјаци ове осе паре се са цветом и заузврат му пренесу зрнца полена са другог цвета. У погледу боје, облика и величине, ови бестидни цветови су одличан сурогат женке. У неку руку, они за инсекте опрашиваче представљају боље љубавнице од правих женки. Неке орхидеје рода *Ophrys* чак испуштају мирисни афродизијак, који мужјаке привлачи много јаче него полни мирис праве женке!

Еротски мирис је од огромног значаја за сексуалну привлачност. Често кажемо „Не видим шта је то нашла на њему". Вероватно није нашла ништа, али је „пала" на мирис његовог тела. Ово се догађа и у најфинијим круговима. Краљ Чарлс се није заљубио у Нел Гвин због мириса поморанце, него зато што је мирисала на устајао зној. Жозефинин мирис се толико допадао Наполеону да ју је, кад би планирао блиски контакт, упозоравао да се дан-два пре тога не пере. Свиђало нам се то или не, сви ми миришемо, а вероватно свако од нас другачије мирише. Наши органи за производњу мириса налазе се испод пазуха и око полног органа, а пошто ту расту длакави чуперци и муфови из којих се излучевине испаравају и шире око нас, наш буке је намењен само блиским особама. Дејство телесног мириса је понекад просто невероватно. Забележен је случај једног младића који је успех на игранкама дуговао мирису испод својих пазуха. Примењивао је једноставну технику. Под пазухо би затакао марамицу, па би, усред валцера, њоме обрисао зној са чела своје партнерке. Чим би омирисала његову арому, завртело би јој се у глави и пала би му у наручје! Ово није измишљотина; наиме, многе жене тврде да их узбуђује мошусни мирис мушког тела. Доказано је да жене имају нос за мошус и да им осетљивост варира у зависности од менструалног циклуса.

Ово, свакако, важи за егзалтолид, супстанцу хемијски сличну афродизијаку који производи вепар да би узбудио крмачу. Мушкарци, дечаци и девојчице потпуно су неосетљиви на ову супстанцу, али полно зреле жене је одмах осете, нарочито у периоду кад су плодне. Понекад се мушкарци обраћају за помоћ афричким и индијским цибеткама, које производе мошус у двема подрепним жлездама. Њихов мошус је густ као мед и смрдљив кад је неразблажен. Међутим, произвођачи парфема су одувек високо ценили „цибет", па су, чак, гајили цибетке ради добијања мошуса, нарочито у Етиопији, јер, кад се брижљиво помеша са другим супстанцама, мошус има веома пријатан мирис – ако је веровати краљу Соломону. Он је био велики заљубљеник у етиопске парфеме, а кажу да је имао 700 жена. У Шекспировој комедији „Много буке ни око чега", Клаудије каже да, ако се младић маже цибетом, онда је заљубљен. Иако су модерни синтетички производи увелико заменили „цибет", он је дуго био важан састојак и мушких и женских парфема. Дакле, да би пригушили сопствени мошус, мушкарци су се мазали разблаженим полним мирисом супер-мачора!

Сексуални мирис може бити основни разлог за љубљење полних органа. Фелацио – познат и као „пушење" – није ограничен само на људски род. И женке сисара често њуше укрућен пенис свога партнера пре или после спаривања, а понекад га лижу или чак узму у уста. Тешко је утврдити да ли ово посебно узбуђује мужјака, јер је он већ спреман за парење. Међутим, у љубавном животу људи, „пушење" уме да „пробуди мртваца" и удахне живот млитавом органу. Зависно од својих сексуалних склоности, жена чак може да употреби уста као замену за вагину и посиса пенис свог мушкарца. Кад прогута семе свог љубавника, жена не чини ништа јединствено. То ради и један црв.

Platynereis megalops је чекињасти црв који оргија у планктону за време своје кратке сезоне мреста. Кад се окупи мноштво напаљених црва, женкама се приједу мужјаци, па почну да им одгризају репове, који садрже семе. На сву срећу, мужјаков предњи део је способан да отплива и регенерише се, док женке једу задњи део, са све семеном. Кад их женка прогута, сперматозоиди реагују на стимулативно дејство њених желудачних сокова, па се пробију кроз зидове њене утробе и стигну до зрелих јаја.

Извесну врсту фелација упражњавају чак и неке рибе из породице цихлида, као што је *Haplochromis burtoni*. Женке ове рибе, као и женке неколико других цихлида, развиле су необичан метод извођења млађи из јаја – у својим устима. За то им је потребан и необичан начин оплодње јаја. Пошто је, у присуству мужјака, бацила икру, женка се окрене и покупи јаја у уста, али је понекад пребрза, па мужјак не стигне да их поштрца млечцом. Али ништа зато: природна селекција му је обезбедила решење, јер на аналном перају има пеге које личе на јаја. Зато, док женка сакупља јаја, мужјак замахне аналним перајем испред њене губице и ејакулира. Она зине на пеге, мислећи да су јаја, али прогута само семе. Наравно, фелацио није орална оплодња, али је слична радња.

Што се тиче кунилингуса, ту је сличност између људи и животиња много већа. Женке свих животињских врста користе еротски мирис да намаме мужјака. Један од примера је девичанска женка мољца. Природњаци осамнаестог века запазили су да тек излежене женке привлаче веома удаљене мужјаке. Чињеница да то постижу мирисом доказана је 1879. године у Француској, кад је чувени природњак Жан Анри Фабр доказао да мужјаци мољца не примећују женку под стакленим звоном, али да их неодољиво привлачи комадић хартије на којем је она претходно стајала. Извор мириса је пар жлезда на женкином затку. Пола милиона лептирица свилене бубе производи свега дванаест милиграма мириса, али мужјаци су невероватно осетљиви: половина рецептора мириса на њиховим пипцима подешена је на пријем мириса женке, а ти рецептори хватају и по један једини молекул. Кад мужјак свилене бубе осети у ваздуху мирис женке, бомбикол, он се узбуди и полети ка извору мириса.

Нажалост, има животиња које ово злоупотребљавају, па мужјаци неких врста мољаца налете на много незгодну женку. Наиме, женка једне врсте аустралијског паука успела је да провали хемијску љубавну шифру женке мољца. На њеној мрежи се налазе капљице које миришу исто као женка мољца, па се заљубљени мољци залећу право у мрежу. И људи умеју да користе мирис женке за уништавање инсеката. Још давно су научници закључили да се инсекти најефикасније тамане ако се утиче на њихов полни живот. Најновији проналазак је мирисни мамац који би требало да ускоро дође главе мувама. То су, уствари, отровне грануле које миришу на мускамон, мирис који испушта женка спремна за парење. За мужјаке је овај мирис неодољив, па се залете право у смрт.

Генитални мирис је један од главних знакова по којима мужјаци сисара утврђују да ли је женка спремна за парење. Ови еротски мириси избијају на неколико места. Једно од њих је вагина, те мужјаци многих врста примењују кунилингус да би „прочитали" њену поруку пре него што покушају парење. Мужјак резус мајмуна оњуши и лизне женкину вагину и одмах зна да ли је спремна. Зато се грдно превари ако му се подметне хладна женка чија стражњица је намазана излучевинама успаљене женке. Иако женка реагује хладно, њен мирис и укус му кажу „дођи", а довољан је и само мирис. Кад нањуше успаљену женку, мајмуни самци мастурбирају више него иначе.

Кад мушкарац „сиђе у подрум", то није ни перверзно нити необично. Вагинални мирис је и мамац и афродизијак, а доказано је да привлачност жене расте и опада у зависности од полног циклуса. Зато малчице вагиналне слузи иза увета, на средини циклуса, може жени и те како подићи морал! Кад лиже „љубавне сокове" своје партнерке, мушкарац ради нешто природно и веома слично понашању осталих мужјака сисара кад желе да се паре. У људи је генитални пољубац отишао мало даље него у других сисара, јер га људи примењују за стимулисање ерогених зона међу ногама. На крају крајева, људски полни органи нису само оруђа за размножавање. Они служе и за забаву, а пенис је истовремено и симбол статуса – што нас доводи до друштвено-сексуалне везе.

ГЛАВА ОСМА

ДРУШТВЕНА ВЕЗА

Да пегаве хијене имају смисао за хумор, закикотале би се чим угледају једна другу. Међутим, хијена не зна за шалу. Њен језив „кикот" није нимало смешан – то је знак љутње, који се често чује за време отимања ових стрвинара о леш антилопе. Упркос томе, хијене су нам смешне због једне ствари: готово је немогуће разликовати *његов од њеног!*

Док је полни орган мужјака хијене мање-више нормалан, женкин је права лакрдија. Испод чмара јој виси једна кеса испуњена фиброзним ткивом, која личи на мошнице мужјака. Из вагиналног прореза јој виси изузетно дугачак клиторис. Женка може да га дигне и укрути, као да је стварни пенис. Ова загонетка је вековима мучила људе – чак су се и мудри Атињани збуњено чешкали по глави. Аристотел је претпостављао да су хијене хермафродити; ова представа се одржала вековима. Оповргнута је тек 1939, од стране истакнутог зоолога Леа Харисона Метјуза, који је касније постао научни директор Лондонског зоолошког друштва. Он је доказао да су хијене нормалне животиње, да постоје оба пола, али да спољашњи полни органи женке савршено опонашају опрему мужјака. Међутим, није успео да утврди зашто су женки потребни „псеудопенис" и лажне мошнице.

Ова тајна је откривена тек кад су се научници запутили у саване Источне Африке да виде чему ти органи служе. Одмах су уочили једну ствар: кад се женка пари, клиторис јој се не укрућује, чак остаје у вагини. Стога су закључили да нема улогу у парењу. Даље осматрање бацило је мало више светла на ово

...чим угледају једна другу...

питање. Запажено је да се потпуна ерекција мужјаковог пениса и женкиног псеудопениса јавља кад се две хијене сусретну у ситуацијама које немају везе за парењем. Испоставило се да ерекција представља део ритуала поздрављања и да се догађа без обзира на пол јединке; приликом сусрета, чак и две женке размењују поздраве тако што подигну ногу и једна другој покажу укрућени клиторис, дугачак готово до земље.

Врхунски посматрач хијена Ханс Крук, који је темељито изучио чопоре пегавих хијена у кратеру Нгоронгоро и у Серенгетију, покушао је да протумачи значај овог показивања полних органа. Иако већина нас сматра да су хијене само ђубретари, оне су и немилосрдне грабљивице. Као и све убице у својој класи, имају масивне виличне мишиће и страшне зубе, којима, као од шале, дробе кости. Ово страховито оружје не служи само за убијање и комадање плена; убistveно је и за друге хијене. Као и све друге друштвене грабљивице, од мрких галебова до лавова, и хијена је морала да реши проблем контроле наоружања. Реши

144

ла га је тако што, ради одвраћања напада, показује полне органе.

Разлог за овакво понашање је једноставан. Сучељавање двеју нервозних хијена је увек ризично, јер су им опасне чељусти преблизу. Међутим, док једна другој њуше полне органе, главе су им на безбедној удаљености, све док не спласне узајамно неповерење. Женке су свој клиторис преудесиле у фалусни облик да, приликом ових напетих сусрета, не би заостајале за мужјацима.

Првобитна улога пениса сводила се на убризгавање семена у женку, а њен клиторис је био основна ерогена зона. У хијена, они и даље имају ове функције, али су, поред улоге у полном општењу, добили и улогу органа за друштвено општење. За еволуцију је веома карактеристичан овакав опортунизам који доводи до промене функције. За ово има и других примера.

Већина сисара користи мокраћу за слање љубавних порука. Већ смо видели како, у љубавној предигри, мужјаци бодљикавог прасета запишавају женке. Кад се мужјак кунића напали на женку, он је прескаче и у скоку је запишава. То раде и јужноамерички акучи, али прецизније. Док куниђ штрца мокраћу уназад, па често промаши, акучи стане иза женке и укрућеним пенисом гађа напред, у женкина леђа. Мужјаци заморчета и патагонских зечева – *марас* – такође запишавају женке.

Женке сисара показују фазу плодности нивоом естрогена који излучују мокраћом. Зато мужјаци тако усрдно њуше мокраћу женке, па чак, понекад, њушком гуркају стражњицу потенцијалне партнерке, наводећи је да им мокре на усне и њушку. Док њуше мирис женке, мужјаци папкара посуврате горњу усну, како би десни и непце што боље осетили мирис; ова гримаса се зове *флемен*.

Полне радње су у великој мери уграђене у друштвено понашање животиња. Ова друштвена веза није случајна, јер и само спаривање садржи елементе надмоћности и потчињавања. Док јаше женку, мужјак увелико влада њоме – или је притиска својом тежином, или је држи предњим удовима, натакнуту на свој пенис. Насупрот томе, кад женка тражи секс и мужјаку покаже стражњицу, она је привремено рањива. С обзиром да су мужјаци углавном снажнији и да имају виши друштвени ранг од женки, ово значи и признавање превласти. Ове нерепродуктивне асоцијације постепено су постале главне одреднице друштвене функције сексуалног понашања. Зато животиње, кад желе да покажу да се покоравају и предају на милост и немилост надмоћној јединки, заузимају положај женке која позива на парење. Доминантна животиња уме да показује своју надмоћ тако што ће зајахати потчињену. И заjахивање и показивање задњице су уобичајени друштвени сигнали, којима једна јединка изражава превласт, а друга потчињеност; ово оба пола чине у свакодневном општењу.

Узмимо, на пример, показивање задњице у сисара. Многи сисари имају упадљиве ознаке на задњицама. Оне су најупадљивије у јелена, антилопа и разних врста дивљих оваца; то су углавном бела или бледа „огледала“, која су, у неких врста, оивичена тамним линијама. Неке врсте антилопа могу да накостреше длаке на огледалима, што се види кад „стотују“, то јест, скачу увис, укочених ногу и високо уздигнутих сапи. Витороге газеле „спронкују“ – изгрбљених леђа, скачу увис, показујући стражњицу обраслу дугом, белом длаком. Северноамеричка рашљорога антилопа има изузетно упадљиво огледало – преко целе задњице и бутина висе му дуге длаке. Кад показује задњицу, длаке се накостреше, па личе на пар белих хризантема, по једна са сваке стране кратког, црног репа. Очигледно им је намена да привуку пажњу, али зашто? Одувек се сматрало да је то знак „за мном“, како би, кад крдо бежи, заостале јединке могле да прате предводникова „позициона светла“, а и да младунци не изгубе мајку из вида. Најновије и највероватније објашњење јесте да су ова огледала визуелна порука која, уз показивање задњице разјареном противнику, шаље поруку „смири се“.

Као и људи, друштвене животиње се спријатељују са утицајним и моћним јединкама. У пракси, то значи да потчињена јединка настоји да одобровољи моћнију. Један од најбољих начина да се силеџији ублажи напетост јесте да му се пажња усмери на парење. Кад му покаже шарену задњицу, женка му стиша агресивност и наведе га да се понаша пријатељски. И мужјаци раде исто што и женке. Током еволуције, и они су научили да својим противницима подваљују тако што се, пред јачим мужјаком, понашају удворички и заузимају став женке која нуди парење. У складу с тим, обележили су задњицу „женским“ шарама, које су некада служиле искључиво за усмеравање пажње мужјака на женкину вулву. Кад би се мужјаци човека понашали попут потчињених мужјака животиња, они би, у знак предаје надмоћнијем непријатељу, истицали чипкане гаћице уместо беле заставе!

Поставши саставни део ритуализованог телесног језика многих папкара, овај сигнал, у свом друштвеном контексту, не узбуркава полну страст посматрача. Њихова реакција зависи од ситуације. Мајмуни своје полне органе, као и радње којима имитирају парење, користе у чисто друштвене сврхе. Површни посматрачи погрешно тумаче висок ниво полне активности у павијанским и осталим мајмунским друштвима. Старовремски природњаци су наивно сматрали да су ови наши сродници развратни изроди који су се одали сексуалној изопачености. Највише их је ужасавао „лажни“ полни однос, који је средство за одржавање реда у друштву.

Редовни посетиоци зоолошких вртова запазили су да женке многих примата имају јарко обојене вагиналне усмине и задњице које, у одређеној фази менструалног циклуса, невероватно отекну. Често се догађа да задњица женке која живи у заробљеништву и лишена је парења ненормално отекне у средини циклуса, што саблажњава посетиоце. Крајем прошлог века, у Лондонском зоолошком врту је једна усамље-на женка макака са Формозе до те мере отекла да су је – због пристојности – морали склањати од посети-лаца! Јасно је, међутим, да ови црвени или ружичасти отоци нису намењени људском погледу. Отечена стражњица женке је еротски знак којим она мами и дражи мужјаке. Мужјацима је најпривлачнија кад је потпуно отечена, што се догађа у периоду овулације, кад је могућност оплодње највећа.

Чак и кад је спласнута, јарка стражњица се кори-сти за показивање помирљивости и потчињености надмоћној јединки, без обзира на пол. Кад вам мајмун потури стражњицу, то значи „Не бој се, ја сам ти при-јатељ". Чарлс Дарвин, који је био пионир у проучавању израза лица животиња, утврдио је да примати користе стражњицу као средство за упућивање друштвених по-рука. Рецимо, женке не показују стражњицу само до-минантним мужјацима, него и доминантним женкама. Међу павијанима, на пример, ако нека „тетка" жели да помази туђе младунче, мора да строго поштује прави-ла и да своје пријатељске намере саопшти тако што ће мајци показати црвену задњицу, чиме ће је одобро-вољити и предупредити непријатељство. И мужјаци један другом подмећу задњицу, чиме саопштавају по-корност или мирољубивост према јачем мужјаку. Му-жјаци многих врста мајмуна имају на задњици шару сличну шари око полног органа женке и ефикасно је користе у друштвене сврхе.

Подражавање женки од стране мужјака добило је запањујући обрт у случају геладa павијана, који живе у чопорима у етиопским планинама. Мужјак геладе је упечатљива животиња, са надменим изразом лица, чу-павим репом и бујном, таласастом, мрко-жутом гри-вом. Овај павијан је посебно необичан по томе што на грудима има комад голе коже у облику пешчаног са-та, због којег је добио и своје друго име – павијан крвавог срца. Одгонетку ове појаве треба тражити код женки, јер и оне имају сличан белег на грудима. Женкин белег је много већи и опточен је ниском белих пликова. Њена црвена шара има изванредну сличност са кожом око њеног полног органа; уз то, отиче истовремено кад и кожа на задњици. Чак и изглед њених овешених дојки је добра имитација вулве. Поставља се питање зашто женка има лажну вулву на грудима. Можда одговор лежи у начину живота ових павијана: геладе проводе много времена седећи. Чак се и хране седећи, те се не види уобичајена шара за полно и друштвено општење. Женке су овај проблем решиле тако што шару стражњице носе на грудима, где је лако уочљива. Мужјаци су се повели за њиховим примером, па шару женкине стражњице, коју носе на грудима, користе за показивање мирољубивости и пријатељства!

Међу приматима је веома распрострањено коришћење мушкости у друштвене сврхе. У мајмуна, зајахивање и спаривање не служи само оплодњи; често је израз моћи и власти. Зајахивање ради доказивања надмоћи јавља се у разноразним ситуацијама, понекад и као реакција на потурање задњице. На пример, женка павијана пожели да штрпне храну која се налази веома близу главног газде. Док му опрезно прилази, он је нетремице прати претећим погледом. Кад му приђе, женка му окрене стражњицу и потури му полни орган. На то његова љутња спласне, па је зграби, зајаше и, не чекајући пуну ерекцију, забије јој неколико пута, па је пусти. Пошто му је овако подвалила, женка некажњено узме храну. Са своје стране, мужјак је на пријатан начин учврстио самопоуздање и доказао своју надмоћ, без ризика од противнапада. Овде женка много подсећа на секретарицу која извлачи корист од флертовања са заљубљивим шефом. Зајахивање је честа појава и међу мужјацима. После сукоба између два мужјака, победник често овери своју надмоћ тако што зајаше пораженог противника и разјарено обави полни чин. И женке се слично понашају у конфликтним ситуацијама – надмоћна животиња зајаше слабију.

Понекад се зајахивање ради доказивања надмоћи технички разликује од правог спаривања. У индијских резус макака, разлика је у положају мужјакових ногу! При правом спаривању, мужјак се узвере уз женкине задње ноге и обухвати јој чланке својим ножним прстима. За разлику од овога, парење ради доказивања надмоћи обавља се лењо, при чему јача животиња стоји иза потчињене, са обе ноге на земљи.

И силовање се може подвести под категорију спаривања ради доказивања надмоћи, јер представља комбинацију сурове агресије и сексуалне мотивације. Силовање је сексуални напад који се неретко завршава убиством жртве. Иако се присиљавање жене на обљубу одувек сматрало најодвратнијим злочином и стога се оштро кажњавало, у свим ратовима је допуштено. Откад је света и века, војници прослављају победу на женама и кћерима својих поражених непријатеља. Тешко је поверовати да је главни узрок силовања дуготрајна лишеност полног општења; пре ће бити да је сврха ратног силовања да се понизи становништво и успут посеју гени победника. Међу мушкарцима је полни чин ради доказивања надмоћи много ређи, мада не и потпуно непознат у чисто мушким срединама, као што су затвори и мушки интернати. Међу мушкарцима је, иначе, сексуални начин учвршћивања хијерархијског статуса увелико замењен ритуалима као што су састанци управних одбора и слични скупови. Вероватно би се мужјаци резуса чудили зашто директори и потпредседници фирми не реше спор тако што ће се међусобно зајахати, јер би се тако много брже успоставили правилни хијерархијски односи, пошто би се видело ко је кога зајахао и ко је коме подметнуо задњицу.

Ерекција је битна за мушку сексуалну доминацију, те многи мајмуни доказују свој ауторитет тако што показују дигнут пенис. Ако нисте на истој таласној дужини, ово може довести до неспоразума. У време кад су верглаши били уобичајена појава на градским улицама, често су водили мајмуне капуцинере, који би поздрављали пролазнике пуном ерекцијом. Свет се на ово згражао, не знајући да је то начин на који су мајмуни поздрављали импозантне пешаке. Показивање пениса је нарочито карактеристично за врсте из Новог света, као што су капуцинери и саимири или мајмуни-веверице. Уобичајени начин на који мужјак саимири показује надмоћ јесте да приђе потчињеној животињи, дигне једну ногу и гурне јој укрућени пенис у лице. И женке се понашају на исти начин; попут хијена, женке саимирија имају парадоксалне полне органе, са лажним мошницама и супер клиторисом који може да се увећава. Дрекавци и мајмуни-пауци, који скачу са дрвета на дрво у кишним шумама Јужне Америке, такође показују пенис, јер се полови тешко разликују према изгледу полних органа, осим што дуги, овешени клиторис женке не може да се укрути.

Мужјаци мармозета користе своје велике, беле мошнице. Кад прети, мужјак окрене противнику леђа, дигне реп и покаже му црне бутине и замашну белу кесу, која почне да се помера уназад. И неки глодари користе тестисе за застрашивање. На пример, тестиси мужјака заморчета су нормално скривени у његовом трбуху, али кад се удвара женки или прети противнику, тестиси му се спусте у веома упадљиве мошнице, па их он надмено показује противнику. Једна од појава у друштвеном општењу мајмуна јесте нестајање тестиса. Наиме, ако се одрастао мужјак резус макака препадне јер му је доминантни мужјак пришао преблизу, догађа се да му се тестиси привремено подигну у трбушну дупљу, па му црвене мошнице изгледају као млитав кожни набор. И престрашеним мушкарцима се догађа да им се тестиси невероватно скврче – на сву срећу, ово траје само док се не приберу и поврате самопоуздање.

И мужјаци човеколиких мајмуна поздрављају се пенисом. Кад се сретну два шимпанза који су пријатељи а дуго се нису видели, обично један стоји, а други трчи ка њему. Два мајмуна ће се бацити један другом у загрљај, што је људски начин изражавања осећања, али су им, за разлику од загрљених мушкараца, за то време пениси укрућени. Није нам познато да ли њихова ерекција ишта значи у друштвеним односима између мужјака, или је само последица узбуђења због сусрета. Међутим, познато је да се мужјаци не противе кад им пријатељи пипкају полне органе. Напротив, у неким ситуацијама, ово чак може бити знак лепог васпитања. Подређени мужјак се улагује шефу тако што му приђе и опипа му мошнице. Ко би га знао; можда рачуна да ће му, ако се овако удвори доминантном мужјаку, овај дозволити да се „огребе" за коју смокву.

У оваквом понашању нема ни трага од хомосексуалности. Уствари, опипавање мошница у шимпанза веома је слично „сепичком руковању". Овај ритуал изводе мушкарци из слива реке Сепик на Папуи Новој Гвинеји који се дуго нису видели. Они изражавају узајамно пријатељство и задовољство због сусрета тако што један другом ставе једну руку на нос, а другу на фалус. Тешко је замислити опипљивији израз пријатељства. У неку руку, тај гест има двојако значење, јер ови примитивни људи поистовећују нос са пенисом, што потврђују и мотиви њиховог дрвореза. Такође, мушкарци пробуше носну преграду, па у њу затакну птичја пера и цепке дрвета, на готово исти начин на који пробадају пенис и провлаче кроз њега свакојаке предмете да би боље стимулисали партнерку. И у модерном друштву се одржао обичај додиривања препона, мада само у етимолошком смислу, а то је кад, на суду, положимо руку на Библију и свечано се заклињемо да ћемо рећи истину. У далекој прошлости су се људи заклињали јавно, на тестисима особе којој се заклињу. У Библији има много описа заклињања на тестисима, иако су се у превод са хебрејског увукли еуфемизми као што су „бедра", да се не би саблазнили и свештеници и њихова паства. Кад је Јосиф обећао Јакову да ће му испунити жељу и сахранити га са његовим прецима у Светој земљи, а не у Египту, Јаков је од њега затражио да се заветује тако што ће му положити руку под „бедро“. Смисао оваквог завета био је да се онај који полаже заклетву упозори да ће му се и будућа поколења – она која тек треба да настану из полног органа – осветити ако погази завет или лажно посведочи. Данашњи еквивалент био би да се од судија и шефова држава захтева да открију „бедра“ кад саслушавају сведоке, односно примају акредитиве од страних амбасадора.

Као што смо видели, довољно је да доминантан мужјак покаже полне органе да би улио страхопоштовање подређеној животињи. Зато није нимало чудно што мужјаци многих примата имају лепо нашаране мошнице и пенис. Афрички гвенон има сјајан скерлетан пенис и пастелноплаве тестисе. Гривасти павијан *хамадрија* има јаркољубичасти пенис, који је дугачак и кад је опуштен. Мужјак дугорепог носана, који настањује шуме мангрова у мочварама Индонезије, има шта да покаже и горе и доле. Горе има меснат, овешен нос огромних размера, а доле пенис цинобер боје, готово увек напет. Сврха јарке обојености је боља уочљивост, па изгледа да мужјаци мајмуна и павијана користе свој упадљиви фалус за упозоравање других чопора да не прилазе. Сваки чопор има стражаре, мужјаке који, раскречених ногу, седе на упадљивим местима. Пенис је обично увучен, али се укрути и дигне чим неко непознат приђе преблизу. Ова појава је облик омеђивања територије, који потиче из времена кад су преци павијана и мајмуна обележавали своју територију мокраћом.

Многи примитивни примати то и данас чине. Тупаје, врсте бубоједа налик веверицама, од којих су настали сви примати, мокре на своје предње шапе, одакле се мокраћа преноси на гране по којима ходају. Ноћни галагои и лорији такође обележавају своју територију мокраћом. Лењи лори се не труди да мокри себи у шапу; уместо тога, стално попишкује. У току еволуције, примати су побегли из ноћне смене и прешли на дневни живот, па су, за обележавање своје територије, почели да користе вид уместо њуха. Тако је и пенис променио улогу – од распршивача мириса, постао је упечатљив знак упозорења за туђине и уљезе. Ово је најупечатљивије у случају мандрила. Мужјак мандрила има на пенису исте шаре као и на носу, у чему је најкитњастији од свих сисара. Сличност између његовог лица и полног органа је запањујућа, мада практичан разлог за њу није јасан, јер, иначе, сурови заповедници не показују своје полне органе. Уосталом, зашто би се трудили да седе раскречено, ако им је масивна њушка слика и прилика пениса? Зрео мужјак има скерлетни пенис, ружичасто-плаве мошнице и наранцасте бруце. Исту шару има и на лицу: светлоцрвен нос између две кобалтноплаве отеклине и наранцастожуту браду. Ово омогућава мужјаку мандрила да застраши сваког ког погледа.

Човек је далеко одмакао од својих мајмунских предака, али је ипак задржао много њихових одлика. То је занимљиво само по себи. Сматра се да је лице одраслог мушкарца одраз његових гениталија, при чему нос представља пенис. Наравно, има оних који ће рећи да је ово плод наше буйне маште, која тражи сличности тамо где их нема. Нека је и тако, али ми имамо нос, а симболизам између њега и пениса независно је настао у многим уметничким делима широм света. Понегде симбол тестиса представљају раздвојена брада или раширене ноздрве, а понегде очи, као на маскама плодности Бага. Сличност је још упадљивија ако се узму у обзир оштре длаке на мушкој бради, чија текстура је много сличнија бруцама него финијим власима на темену.

Разлог за ношење одраза полних органа на лицу је то што мушкарци још увек, попут мајмуна, користе пенис – или замену за пенис – као симбол своје моћи, снаге и статуса. За ово постоји обиље доказа. Пажљив посматрач ће приметити да, у целини узев, мушкарци седе другачије од жена. Док жене углавном седе састављених бутина, мушкарци седе раскречено, попут мужјака замораца и павијана. Да су голи, каквим их је природа створила, свима би показивали своје полне органе. Ово нема никакве везе са удварањем или импресионирањем лепшег пола – једноставно, реч је о телесном разметању природном за самоувереног мужјака, што је саставни део понашања које смо наследили од наших дивљих предака.

На Тахитију је ширење ногу попримило церемонијалну улогу, што није промакло капетану Џемсу Куку кад је, 1769. године, усидрио *Ендевор* у заливу Матаваи. Острва са бујном вегетацијом и са 40.000 прелепих становника личила су му на рајски врт, али му се брзо распршила заблуда да насмешени, пријатни Полинезијци живе у аркадијској чедности. На увесељење његових морнара, секс је био потпуно слободан; полни однос се обављао једноставно, без оптерећења, као једење или пијење. У строго феудалном друштву на Тахитију, најпривилегованија секта, Ариои, или свештенство, којој су припадали и мушкарци и жене, безбрижно је водила љубав и рађала децу, а контролу рађања је спроводила гушењем новорођенчади. Једна од њихових омиљених забава била је нарочита игра, уз покрете кукова који су врло изричито подсећали на полни чин. Кад год би ову еротску игру изводиле жене, Кукови „загорели" морски вукови би се презнојавали од муке. Међутим, овакво издвајање сексуалних покрета из сношаја и укључивање у друштвени ритуал је нешто што нам је свима познато, јер су и модерне игре изведене из покрета који се чине приликом сношаја. Неки покрети су очигледнији од других. Понекад играчки пар цигује, свако за себе, не додирујући се, а понекад игра „стискавац". Међутим нема те модерне игре која се, по еротизму, може мерити са мушким играма са Тахитија, у којима играчи, поређани у врсту, ритмички шире и скупљају ноге. Сврха овакве игре није да узбуди жене и наведе их на љубав под миришљавим жбуновима франђипанија – овде је, једноставно, реч о ритуалном доказивању мушкости.

Иако ови ритуали не подразумевају ерекцију, у свим културама је укрућен и дигнут фалус одувек имао важну улогу као симбол мушке доминације, а и данас је има на западним висијама Нове Гвинеје. Ако укрућен пенис ишта значи, онда огроман пенис значи још више. Мушкарци из папуанских прашума су готово голи, осим што пенис крију у *фалокрийти*, шупљој стабљици бамбуса дугачкој као људска рука. Намена фалокрипте није да сакрије пенис. Напротив, она штрчи из препона као огроман дигнут пенис. Неке фалокрипте су толико кабасте да их власник мора привезати канапом око струка. Кад дечак „положи испит зрелости“ и званично постане мушкарац, ова дрвена ножница постаје део његове свакодневне одеће, којом се поноси и која је, често, вешто изрезбарена и украшена јарким птичјим перима. Мушкарци из области Малекула на Новим Хебридима побољшавају изглед својих пениса тако што их увијају у завоје направљене од листова банане. Ови завоји се зову намба. Као и фалокрипте, *намбе* чине да мушкарци изгледају као да имају сталну ерекцију или огроман фалус.

У Средњем веку су и Европљани носили „лажњаке“; уместо да дискретно прикривају полне органе, на шлицу су имали упадљиву кесу за пенис и тестисе. С временом је величина кесе расла, тако да су, крајем седамнаестог века, помодари носили велике извезене и тапациране кесе, скројене тако да изгледају као да притежу огроман напет пенис. Али, зашто? Да ли је ерекција, или бар њен симбол, заиста ефикасан знак превласти?

На чињеницу да мушкарци могу једни другима претити заклоњени иза масивне фигуре фалуса упереног у небо указује пример мексичког индијанског племена Зуни. Ако истражујемо како људи тумаче телесне знаке, треба прво да погледамо које богове обожавају. На пример, богиња плодности је обично представљена као трудна жена са дојкама набреклим од млека. Ратничко племе Зуни се, природно, моли агресивном богу, који је представљен као мушкарац оран за борбу, начичкан симболима жестине. Иако зунијски бог рата најчешће има сложен облик, поне-

156

...као да притежу огроман напет пенис

кад је сведен на мотку чији врх има облик вадичепа и представља укрућени пенис. У обликовању бога рата нема ничег еротског, јер ови мексички Индијанци сматрају дигнут пенис искључиво знаком претње, чија намена је да престраши противнике и натера их у бег. Ово нам помаже да објаснимо значење читавог низа такозваних еротских ликовних дела из прошлости. У дивним валовитим пределима јужног Дорсета у Енглеској налази се бестидни Див из Серн Абаса, огромна фигура мушкарца, коју су Римљани исклесали на падини једног брега. Пре две хиљаде година, његови творци су му направили не само џиновске полне органе, него, што је још горе, укрућен фалус. Финији становници тога дела Дорсета стално се буне против ове саблажњиве голотиње и траже да му се пенис затрпа. На сву срећу, ови дивовски полни органи су у сигурним рукама Националног труста, као што је и ред, јер Див из Серн Абаса није обично дело порнографског уметника. Пре ће бити да представља монументално упозорење уљезима: и у руци и међу ногама има по огромну батину. Данас погрешно тумачимо његову поруку, јер нам дигнут пенис више не улива страхопоштовање, него само значи полну надраженост. Прекаљени римски легионари, који су тамо обитавали док је див методично исецан из зелених енглеских брегова, сместа би схватили двојако значење његове ерекције. Њихов безобразни бог Пријап, симбол плодности, стално је имао чврсту ерекцију. Понекад су га приказивали сведеног на полне органе; ови украсни висуљци качени су изнад улаза у кућу, да одбијају злодухе. Иначе, Пријапова ерекција је веома слична итифалусним стубовима из античке Грчке, који су често коришћени као камени међаши. Сви ови стубови од бронзе или камена су на врху имали агресивну главу, а на предњој страни су имали тестисе и дигнут пенис. Упркос својим огромним димензијама, полни органи са ових стубова не симболизују секс, него моћ, а коришћени су као чуваркуће и међаши. То су били древни знаци забрањеног приступа, који су постављани на места слична онима где мајмуни постављају страже.

И дан-дањи, неки људи још верују у моћ укрућеног пениса. На Балију, пиринач чувају сламната страшила са дигнутим фалусом. Дрвене ерекције из Наиса одбијају демоне, а у Кореји терају злодухе дигнути камени пениси високи као човек. Угледни мушкарци из јужне Етиопије носе на челу усправан пенис, као симбол статуса.

Итифалусне статуе су једна од замена које су мушкарци измислили за свој траљави фалус. Одавно смо превазишли фазу заморца или сивих павијана, чије вође чопора, показивањем квалитетне ерекције, одржавају мушку самоувереност и застрашују противнике. Међутим, људске вође – шефови држава, верски вође или војсковође – морају да одржавају дисциплину, власт и поштовање према својој функцији. Утолико су њихови проблеми слични доминантном мужјаку заморца. Зато није нимало чудно што се, вековима, папе и шефови држава помажу фалусним симболима власти како би подуприли свој его, импресионирали светину и изблефирали противнике. Трагање за сексуалним симболизмом је лак задатак, мада пун замки: сурогата фалуса има на све стране. Кравата може представљати лажни пенис којим се надокнађује лош пенис у панталонама; црвен спортски ауто, електрична гитара естрадне звезде или аутоматска пушка могу симболизовати мушку потенцију, али не морају. Међутим, изгледа да монарси, председници влада и архиепископи сматрају да им приличи и да је природно да носе жезла, круне фалусног облика и митре и да живе и владају у величанственим палатама са куполама. Можда је све ово изведено из претње фалусом.

Људи, који су шампиони друштвеног секса, увелико су одвојили полни однос од размножавања. Бројке говоре саме за себе. У току свог репродуктивног живота, жена може имати полни однос најмање 3.000 пута, али ће, ако живи у Северној Америци или Западној Европи, родити само два до три детета. Чак и да их роди двадесетак, имала би по неколико стотина полних односа на свако рођено дете. Сви знамо зашто је тако: вођење љубави је пријатно. У поређењу са другим животињама, ми водимо хиперактиван полни живот, јер, као врста, користимо сензуалност полног односа за јачање везе између мушкарца и жене. Разлике између нашег и животињског начина вођења љубави увелико су повезане са нашим начином персонализовања секса. Многи мужјаци сисара прилазе женки с леђа и – пошто све задњице изгледају једнако – није им претерано важно с којом женком ће се спарити. Ми смо изузетак, утолико што смо, за време полног односа, једно другом окренути лицем, а пошто је свако лице другачије, ми интимне односе повезујемо са одређеним посебним партнером, кога „волимо". Сходно томе, наша тела су грађена тако да нам је вођење љубави спреда много пријатније од старинског стила „отпозади". На крају крајева, наше полне играчке – или ерогене зоне – налазе се спреда.

А има их „пуна капа": усне за љубљење, ушне шкољке за грицкање, брадавице дојки за дражење и сисање, а доле, клиторис за „ручну обраду" и контакт са пенисом. Често су ови делови тела вештачки улепшани, да би се истакла њихова заводљивост. Ако су усне имитација усмина, онда их сјајан црвен руж претвара у супер имитацију, додавши им наговештај „гениталне" овлажености која иде са полном узбуђеношћу. Црвенило имитира навалу крви приликом узбуђености. Исто то чини и руменило за лице. Ипак, персонализовани секс има један недостатак, а то је да мушкарац не види еротску задњицу своје љубавнице, која узбуђује све мужјаке примата. Међутим, како природна селекција подразумева велику довитљивост, изгледа да жене носе прилично добру имитацију своје секси гузе баш тамо где је изложена погледу мушкараца – на грудима – у виду непрактично великог пара дојки, чији изглед и чврстина су често пренаглашени уз малу помоћ грудњака. И мека женска колена и рамена могу „одсликавати" облине дојки. Овим су жене извеле исти трик као и женке гелада павијана! Узајамно сексуално задовољство је још веће због подужег периода љубавне игре, која се састоји од разноврсних интимности, као што су миловање, грљење, мажење и љубљење. Све ово смо доживели у детињству, кад смо били предмет штедре љубави својих родитеља. Изгледа да је велики део љубавне игре, коју сматрамо искључиво сексуалном, у ствари позајмљен из нашег детињства.

Тешко је објаснити разлог за постојање женског оргазма, који је веома сличан мушком и представља иновацију од великог значаја за увећање заједничког задовољства у полном односу. Оргазам је практично

160

непознат међу животињама, а жена ипак поседује огроман оргазмички потенцијал. Можемо само претпоставити да бреме родитељства толико притиска плећа људског рода да је, у еволуционом смислу, учинио све да одржи парове или скупине на окупу све док деца не одрасту. Једно од решења је женски оргазам, који емоционално везује мушкарца и жену, уместо да „шврљају". Иако оцрњен пуританским бесмислицама и сматран развратним и изопаченим сладострашћем, оргазам је биолошко наслеђе жене, као што су то и њене дојке. Људи, иначе, имају више прилика за сексуалне интимности него било која друга животиња, због саме чињенице да им је полни нагон стално присутан и мање-више независан од годишњег доба, полног циклуса жене, трудноће, па чак и од старосног доба. Иако менопауза „кастрира" жене, она је, вероватно, само сигурносни механизам који онемогућава оплодњу јаја старих четрдесет или педесет година, али не умањује њихову заинтересованост за секс.

Наша способност да користимо мозак као еротски орган омогућава нам да дуго задржимо заинтересованост за парење. Ако га ваљано запослимо, можемо доживотно уживати у истраживању својих могућности у игри парења. Што се тиче животиња, не може се рећи да њихов секс нема никакве везе са мозгом. У горила, на пример, секс није ствар аутоматизма. Док мужјаци показују озбиљну заинтересованост за парење само док је женка у еструсу, женке бирају љубавнике кад год је то могуће. Поред тога, гориле мењају позу – паре се и отпозади и спреда.

Као што смо видели, човек је изванредно сексуално биће. Ово еволуционо наслеђе не може се ни побијати нити потискивати. Висок сексуални потенцијал је у функцији одржавања релативно дугих блиских односа између мушкарца и жене док им деца не одрасту. Уживање у персонализованом сексу је чулна награда која их везује једно за друго. Моралисти стално јадикују да је наш висок ниво сексуалности декадентан, а дебата о контроли рађања оптерећена је непознавањем биологије. Многи погрешно сматрају да је првенствена улога секса размножавање, а као што ћемо видети, није увек тако. Као што смо већ видели, чак и у осталих примата полни органи и понашање при парењу не служе само за производњу младунаца. Ми стално напредујемо у друштвеном сексу, тако да полни однос данас понајвише представља изражавање дубоке љубави према партнеру. Контрацептивна средства само помажу учвршћивање везе, јер спречавају нежељену трудноћу.

Док, загрљени, лебде на облаку оргазмичке екстазе, мушкарац и жена би требало да знају да доживљавају најпрефињенији вид парења, који се развио из прадавне хладнокрвне технике спајања семена и јаја.

И тако, стигосмо до последњих питања: које су предности парења и зашто је, уопште, настао секс?

ГЛАВА ДЕВЕТА

ЧЕМУ СЛУЖИ СЕКС?

Секс је чудна ствар. Природа нас тера да га упражњавамо, али је ипак прилично смешно кад се достојанствени господин и фина госпођа рву и натежу у кревету. Једно преко другог, помешаних руку и ногу, мушкарац и жена се стежу и гњече, шапућу једно другом бесмислице, у ритму мрдају задњицама, зноје се, стењу и брекћу и свршавају посао кад мушкарац штрцне семе. Да полни однос не побуђује једно од најлепших осећања на свету, вероватно нам не би падало на памет да скидамо гаће и мрсимо бруце. Сексуални циркус је чист простаклук и уз то технички врло незграпан. Полни однос има и друге мане. Док се паре, све животиње су лак плен за грабљивице. У сезони парења, мужјаци неких животиња су усредсређени искључиво на секс, те на крају сезоне начисто балдишу, или чак угину.

Може се живети без секса и парења, јер нису апсолутно неопходни за размножавање, као што смо видели на примеру лисних ваши и неких врста целибатних гуштера. Мада мање забаван, њихов начин размножавања је сигуран, једноставан и скопчан са мање опасности. Упркос томе, већина животиња је доследно опредељена за секс и изводи свакојаке еротске представе, што значи да за секс, коликогод да је скопчан са трзавицама, мора да постоји веома јак разлог.

Упркос чињеници да су људи најсексуалније животиње на свету, све до недавно нисмо готово ништа знали о сексуалности. Научницима је требало неколико векова детективског рада да распрше наше незнање и укажу нам на праву вредност секса и вођења

...мора да је било секса на Нојевој барки

љубави. Ова занимљива прича почиње крајем средњег века, кад је у оптицају било много бесмислених тумачења.

Кад је, пре скоро четири века, прегледана прва скотна женка вирџинијског опосума, тадашњи научници никако нису могли да докуче како су се зачели беспомоћни младунци величине пчеле и како су доспели у њену торбу. Ово је било нешто дотад невиђено, јер је вирџинијски опосум био први торбар којег су Европљани открили. Закључили су да је женкина јединствена торба за младунце, смештена испод трбуха, као у кенгура, нека врста спољашње материце. С обзиром да такво необично решење захтева подједнако необичан метод размножавања, свечано су изјавили да женка опосума производи младе у својим ноздрвама, одакле их пребацује у удобнији и пространији смештај тако што их искија у торбу. Ову теорију су подупрли озбиљним посматрањем, јер, непосредно пре него што се појаве сићушни ружичасти младунци, женке торбара проводе доста времена са њушком у торби. Наравно, тадашњи научници су погрешно протумачили овакво понашање. Наиме, мајке нису искијавале младунце, него су вредно чистиле торбу, како би била спремна да прими готово ембрионске младунце, који су, наравно, зачети на исти начин као и сви сисари и истим путем дошли на свет.

Некадашња представа о размножавању опосума је бесмислена, али нимало бесмисленија од других тадашњих неуких представа о размножавању. Пре само десетак поколења, наши преци су веровали да се буве стварају од прљавштине, да мишеви настају од крпа и да су шкољке постале од песка. Међутим, и тада је било општепризнато да је за размножавање крупнијих животиња потребно парење између мужјака и женке. Ово су знали чак и писци *Књиге о постању*. Иако се у њој нигде не помињу телесна задовољства у Рајском врту, мора да је било секса на барки у коју је Ноје укрцао по један пар од сваке животињске врсте, како би, кад прође потоп, поново населио свет. Сточари су међу првима запазили да је последица парења трудноћа. Још у четрнаестом веку, Арапи су вештачки осемењавали кобиле, кучке и овце, што указује да им је био познат значај семене течности за затрудњавање.

Није, међутим, постојала јасна представа о томе шта се тачно догађа у току спаривања и какав је однос између вођења љубави и стварања новог живота. Владале су свакојаке празноверице. Једни су сматрали да о потомству одлучује Месец, а други да је трудноћа искључиво ствар божје воље. Оваква веровања су се и дан-дањи одржала на Тобријандским острвима, близу Нове Гвинеје. Почетком овога века, становнике овог острва посетио је пољски антрополог Бронислав Малиновски, који је стекао светско признање својим описом њиховог полног живота. Установио је да су тамошњи мушкарци потпуно несвесни генетске везе са својом децом. Ови „људи из каменог доба" веровали су да је сношај потребан само да би се жени пробио химен, како би духови могли да уђу и оплоде је. Овакав тотемизам био је распрострањен и у недалекој прошлости европских народа. Представа да свако женино јаје садржи минијатурно људско биће и да га мушкарчево семе само пробуди и храни потиче још од Питагоре – који је стекао светску славу својим геометријским теоремама. Остали, као на пример Аристотел, били су мало већи мушки шовинисти, јер су тврдили да деца настају искључиво из мушкарчевог семена, а да их жена само инкубира у својој материци. Наравно, ни једни ни други нису били у праву. Нико није ни помишљао да докучи сврху полног односа. Уместо тога, мудровали су о начину на који се он обавља!

Разборите представе о биолошкој вредности секса преовладале су тек пошто је расветљена његова улога у размножавању. Веровали или не, за то је било потребно неколико векова пажљивог посматрања и упорног експериментисања.

Пресудни тренутак представљало је откриће полних ћелија и њиховог понашања. Оне су касно откривене, делимично зато што су сићушне. Иако је јаје највећа ћелија људског организма, оно је једва видљиво голим оком. Тражење јајета у репродуктивном систему жене је попут пословичног тражења игле у пласту сена, и то под условом да знате шта тражите. Сперматозоиде је још теже наћи, јер спадају међу најситније ћелије – у једну кафену кашичицу семена стане их 300 милиона, а у једно јајашце може да их стане најмање 50.000. Број сперматозоида довољан за производњу следеће генерације становништва у Северној Америци комотно може стати у главу обичне чиоде, а одговарајући број јајашца напунио би посуду од пола литра.

Открићу полних ћелија допринео је један ренесансни проналазак – фино брушење стакла. Док је телескоп омогућио људима као што је Галилео Галилеј да истражују Сунчев систем и небеска тела, другима је микроскоп пружио прилику да завире у унутрашњост ткива. Први микроскоп – прилично грубу справу – конструисао је Захаријас Јансен, 1590. године. У току неколико деценија, микроскоп је стално усавршаван, тако да је у другој половини наредног века већ био прилично фин инструмент радозналаца. Један од њих био је Антон ван Левенхук, самоуки микронаут из Делфта, који је кренуо на истраживачка путовања по капима течности под микроскопом. Он је први описао црвена крвна зрнца и неке ниже облике живота. Чак је посматрао ослобађање колоније ћерки из зелене лоптасте врсте велике као зрно песка, по имену *волвокс*, али није запазио полни живот тог организма. Није открио ни живот у сперми, упркос општем мишљењу да је то његова заслуга. За ово је заслужан један од његових ученика, Стефен Хам, који је свом учитељу скренуо пажњу на сићушна кончаста бића у семеној течности. Иако се, после тога, Левенхук дао на посао и 1677. године објавио цртеже и опис сперматозоида, није схватио њихову праву функцију. Сматрао је да сперматозоид већ формирана „клица“ новога бића, коју „овум“ само треба да отхрани да би прерасла у заметак. Други славни природњаци су се тврдоглаво држали гледишта да су сперматозоиди сићушни паразитски црви, који спречавају згрушавање семена. Чак су им наденули име *сперматозоа,* што одражава њихову представу да је реч о самосталним животињама које живе у семену мужјака.

Цео век после тога, италијански језуит Лазаро Спаланцани открио је пресудну улогу сперматозоида. Овај изузетно обдарени експериментатор из осамнаестог века истраживао је многе појаве, као, на пример, животни циклус јегуље, регенерацију удова у водоземаца и способност дрхтуље да омами жртву струјним ударом. Доказао је да слепи миш не може да избегава препреке ако му се зачепе уши, чиме је најавио откриће ехо-локације. Сличну једноставну технику применио је да докаже значај сперматозоида: цедио је семену течност да би из ње одстранио сперматозоиде. Кад би такво процеђену течност убризгао у одговарајућу женку – користио је кучке – она не би изазивала оплодњу, док је необрађена семена течност са живим сперматозоидима задржавала оплодну моћ. Ово је још боље разјашњено почетком деветнаестог века, откpићем да већина мужјака животиња, чак и такозваних нижих и примитивних врста, производи сперматозоиде, а да их неплодни хибриди не производе. Утврђено је и да се сперматозоиди производе у тестисима.

У међувремену је напредовало трагање за женкиним јајетом. Птице имају највећа и најупадљивија јаја, те су се први биолошки детективи бацили на кокошке. Антички Грци су били задивљени оним што се догађа у оплођеном јајету, у којем се, из жуманца и беланца, полако и чудесно ствара пиле. Задивљен је био и чувени енглески лекар Вилијам Харви. Пошто је обзнанио свету да крв непрестано кружи телом, део своје пажње усмерио је на кокоши и 1651. године је објавио збркану и преопширну књигу о размножавању животиња; била је то тешко разумљива грађа, препуна оновремених погрешних закључака, али је у њена седамдесет и два поглавља ипак било тренутака велике проницљивости. Харви је објаснио да јаје потиче од једва видљивог јајашца произведеног у јајнику, којем се, потом, додају велике количине беланца. Значи, није се двоумио око тога шта је старије, кокошка или јаје. Такође, није се двоумио ни кад је устврдио да се „готово све животиње, чак и оне које рађају живе младунце, развијају из јајета“. Написавши ово, изложио се оштрој критици. Данас знамо да је био у праву, али доказ који је коначно потврдио његову изреку „Omne vivum ex ovo“ (све што је живо настало је из јајета) појавио се тек 1827. године, свега четири године пре него што је Чарлс Дарвин испловио на *Биглу*.

Овај доказ изнео је Карл фон Бер, естонски ембриолог који је радио у Немачкој. Њега је копкало зашто су све животиње веома сличне у почетној фази развоја. Скинувши налепнице са својих узорака зоолошких ембриона, показао је својим студентима да се, у раној фази развоја, не може лако утврдити да ли су то ембриони птица, гуштера или сисара. У проучавању ембриона сисара, Фон Бер је кренуо уназад, преко материце и јајовода, до једноћелијског јајета које се откида од јајника, чиме је потврдио готово две стотине година стар закључак Вилијама Харвија. Тиме је створио услове за откривање деобе јајне ћелије и њен развој у ново биће.

Мудраци античке Грчке поседовали су задивљујућу моћ опажања и предвиђања, иако нису имали никакву технолошку подршку својих теорија. На пример, Клаудије Гален, велики оригинални мислилац и учитељ медицине из 2. века, тврдио је да мужјак и женка производе семе, чијим спајањем настају младунци. С обзиром да голим оком није могао да уочи појединости полних ћелија, то јест семена, мора му се признати да је његов предосећај био врло тачан. Отада је прошло много векова док, 1843. године, енглески хирург и неуморни ембриолог Мартин Бери није открио чињеницу да сперматозоиди пробијају омотач јаја. Његовим открићем закључено је једно поглавље истраживања секса. Коначно је утврђено како се понашају сперматозоиди и јаја. Међутим, још увек није било доказано *зашто* се тако понашају.

Да је ико могао да реши тај проблем, Дарвин би много лакше убедио свет у исправност своје теорије о еволуцији. Године 1843. нацрт његовог дела *Постанак врста* на тридесет пет страница, био је тек годину дана стар, али је садржао једну слабост коју Дарвин није могао да исправи, чак ни у бестселеру објављеном крајем 1859.

Срж његове хипотезе била је ваљана и једноставна. Наиме, Дарвин је запазио да животиње и биљке производе знатан вишак потомака, од којих је већина осуђена да убрзо угине. Свештеник Томас Малтус је већ био схватио ову очевидно корисну животну чињеницу, јер би нас, иначе, затрпале шкољке или би нас прегазила огромна крда слонова. Чињеница да нису и да, углавном, величина природних популација остаје непромењена, схваћена је као доказ „борбе за опстанак“. Само неколико „најспособнијих“ јединки, како би рекао Дарвин, успева да опстане и у размножавању претекне своје мање способне противнике. Шта се сматра „способношћу“ зависи од околности. На пример, једно легло мољаца може имати бољу камуфлажу него друга легла, због чега ће се дуже скривати пред птицама које се хране инсектима, па ће за собом оставити више живих потомака. Пенис који је већи од „нормалног“ некада је имао важну улогу за опстанак људског рода, какву је имао и дужи клиторис женке мајмуна-паука, али због различитих разлога. Дарвин је сковао израз „природна селекција“ за очување и преношење подесних варијација. По његовој теорији, жива бића се, из генерације у генерацију, незнатно мењају, усвајајући варијације које им омогућавају да се боље прилагоде својој животној средини. Еволуција је резултат природне селекције, али је могућа само ако постоји сталан прилив наследних разлика између јединки.

Е, овде се Дарвин спетљао, јер појма није имао о томе како настају варијације и како се преносе наследне особине. Оштроумном Дарвину је било јасно да се у природи догађају промене. У вртовима се повремено појављују албино косови и црвендаћи и, ако се гнезде, обично су им птићи прошарани белим. Иако су у дивљини такви изроди осуђени на пропаст, међу одгајивачима су на високој цени. Да би илустровао начело еволуције, Дарвин је описао промене које су, вештачком селекцијом, одгајивачи изазвали на заробљеним дивљим голубовима, створивши небројене необичне и често лепе расе, од лепезана до брадавичастих драгона. Иако је у пракси све функционисало, нико није имао добру теорију о наследности.

Почетком деветнаестог века, еволуцијом се позабавио и француски природњак Жан Батист Ламарк, па је закључио да промене настају због употребе или неупотребе органа. Према ламаркизму, врат жирафе се постепено продужава зато што га целог живота истеже да дохвати сочно лишће на врху акације, а мужјаци са већим либидом развијају велики пенис. Затим је Ламарк постулирао да се промене настале у њиховим организмима преносе на потомство. Иако су нам познати случајеви да стечене особине повремено утичу на потомство, ламаркизам се није могао доказати. Извршени су многи експерименти да би се доказала узрочна веза. У једном експерименту су одсецали репове неколиким генерацијама мишева, очекујући да ће младунци имати краће репове. Нажалост, осакаћени мишеви су и даље котили младунце са реповима нормалне дужине. Ако би се ламаркизам применио на људе, испало би да родитељи поцрнели од сунца треба да роде поцрнело дете!

Чак се и Дарвин занимао за Ламаркове идеје. Иако их је одбацивао, био је мудар. Сматрао је да је наследност резултат мешања особина које родитељи преносе семеном и јајетом. Ово му није дало преко потребан доказ о машини која стално производи нове обрасце, који се затим комплетно преносе на потомство, без умањивања или губитка у току процеса мешања. Невероватно, али Дарвину је промакло нешто што му је било пред носом – наслеђивање пола! Мушкарци и жене воде љубав више од милион година, али њихова деца нису средњег пола, незгодна и непрактична мешавина мушког и женског, него су или дечаци или девојчице. Пол, као и многе друге наследне особине, преноси се према начелу „све или ништа“.

Можда је ова једноставна истина импресионирала моравског монаха Грегора Мендела, који је доказао дисконтинуалну природу наслеђивања гајећи грашак у самостанској башти. Он је проучавао наслеђивање разлика, као што су облик плода, боја цветова, дугачка или кратка стабљика и тако даље. Мендел је претпостављао на да сваку од тих особина утичу две „честице" – које данас називамо генима – и да сваки родитељ даје по једну. Ако се родитељски гени неке особине разликују, један од њих ће превагнути над другим. Тако, ако се укрсте висок и низак грашак, њихови хибриди неће бити средње висине, него сви високи, јер ген дугачке стабљике преваже над геном који даје кратку стабљику. Међутим, ген ниског раста се не изгуби, јер ако се хибриди самоопраше, добиће се и дугачке и кратке биљке. Рецесивни гени које су, у првој генерацији хибрида, потиснули њихови доминантни партнери, издвојили су се и појавили се непромењени у другој генерацији. Исто би се могло догодити и са ретким мутираним генима. Нажалост, Мендел је резултате својих проучавања објавио у мало познатом часопису једног природњачког друштва, 1866. године, тако да су сместа заборављени, све до ускрснућа 1900. године. Потом су проучавање генетике преузели цитолози и биохемичари, који су доказали неоспорну улогу пола.

До 1902. године сматрало се да наследне особине преносе хромозоми, кончаста телашца које се стварају у једру ћелије приликом њене деобе. Ово се савршено поклопило са Менделовом тврдњом да се гени који одређују једноставне особине јављају у паровима, јер се и хромозоми јављају у паровима – ми имамо двадесет три пара, а грашак само седам парова.

Данас знамо да шему сваког појединачног облика живота на нашој планети, био то пасуљ или човек, преносе гени, који се налазе на хромозомима у једру ћелије. Поред тога, свака ћелија организма – осим полних ћелија – садржи комплетан генетски запис јединке. Човек има око 100.000 различитих гена, те би сви његови генетски подаци једва стали у хиљаду књига од по шестсто страница. Генетске информације су шифриране у молекуларном распореду посебних протеина који се зову нуклеинске киселине (ДНК), које су, у ствари, гени. Укупна количина ДНК у организму човека није већа од коцкице леда. Међутим, ако би се спирале молекула ДНК одмотале и исправиле, наш генетски запис био би невероватно дугачак – четиристо пута до Сунца и натраг.

Као што је утврдио Мендел, сви ми имамо по два примерка сваког генетског упутства, један добијен од оца а други од мајке, који се налазе на сваком пару хромозома. У току производње семена и јаја, у ћелијама које се деле догађа се чудесна промена, звана мејоза. Мејоза је пресудна за пол, јер дели хромозомске парове, чиме преполовљује комплет гена који одлазе у полне ћелије. Потом се, у некој врсти молекуларног рулета или лутрије, насумично одређује примерак гена који ће отићи у сперматозоид или у јаје. Између комплементарних парова размењују се делови хромозома, а грешке у копирању ДНК манифестују се у облику мутација. Стога производња семена и јаја, у суштини, представља мешање и мењање „шпила" генетских упутстава. Кад се, коначно, полне ћелије споје, њихови комплети гена се сједине и створе хемијски запис који се разликује не само од записа родитеља, него и од записа било које јединке те врсте.

Потенцијална разноликост настала полним процесом невероватно је велика. Узмимо, на пример, један људски пар. Израчунато је да би, ако би им животни век и плодност били неограничени, један мушкарац и једна жена могли да произведу незамисливих пет октилиона (број 5, а за њим 28 нула!) генетски различите деце. При оваквој фантастичној могућности само једног људског пара, вероватноћа да се из *различитих* трудноћа роде *идентична* деца равна је нули! А ако узмемо у обзир промену партнера, као и да, теоретски, сваки мушкарац има на располагању све жене на свету, и обрнуто, прорачун људске разноврсности надмашује наше могућности спознаје. А све ово настаје насумичном комбинацијом 100.000 гена у 46 хромозома мушкарца и жене. Ето зашто је двојка чаробан број!

Иако би комотно могла да постоје три или чак четири пола, довољна су два да се створи астрономски број нових генетских образаца, без збрке коју би изазвао вишеполни систем. Међутим, ако за нешто постоји и најмања могућност, верујте да ју је природа вероватно испробала. А испробала је и вишеполност. Неколико микроорганизама је експериментисало са више од два пола. Једноћелијска алга хламидомонас, која боји стајаћу воду у зелено, и грабљива животињица парамецијум (или папучица) појављују се у неколико сојева. Свака функционално одговара полу и јединке се могу „парити" само са сојем који је другачији од њиховог.

Животиње и биљке у којих постоје полови могу брже еволуирати и одржавати већу прилагодљивост него бесполне, јер тад јединка може да састави повољне комбинације гена. Међутим, полно размножавање има и лоших страна, те научници премишљају кад је корисно, а кад је у интересу животиње да га одбаци.

Кад је за опстанак пресудна брза репродукција, обично се одбацује секс у корист пупљења, или партеногенезе. Ово произилази из чињенице да мужјаци – који обично представљају половину популације – не производе младе директно, него само помажу својим женкама да их створе. Насупрот томе, у бесполној популацији може се размножавати свака јединка. Животиње у којих постоје полови често надокнађују непродуктивност мужјака тиме што њихов број сведу на знатно мање од половине. Упркос томе, у врстама које се размножавају полним путем однос је 2:1, што је још увек неповољно. Због тога су га у великој мери одбациле бактерије, многе једноћелијске животиње и инсекти као што су лисне ваши. Све оне су колонисти, те морају да брзо заузму слободно парче земље или рану, локву или набујале сокове биљака. Кад отпочне трка за потпуно искоришћавање извора хране, мужјаци чија искључива улога је парење постају прескупи за одржавање и излазе из моде. Готово свака јединка је партеногенетска женка која се расплођује пуном паром. Бесполне животиње се размножавају запањујућом брзином. Бактерија се може делити сваких двадесет минута, а број потомака једне једине женке лисне ваши, после једног лета бесполног размножавања, може да достигне стотине хиљада девица, ако све преживе. Изузев повремених изрода, све су генетски истоветне и верне су копије прародитеља.

Међутим, чим се погоршају услови живота, предности бесполне репродукције у повољној једнообразној средини почињу да се топе; то објашњава зашто мали покретни организми нису сасвим одбацили секс, него му се периодично враћају. У јесен, кад биљни сокови почињу да пресушују, лисне ваши се враћају сексу. Исто се догађа и са једноћелијским протозоама и бактеријама кад почне да им се погоршава животна средина. У њиховим циклусима тада наступа тренутак кад се морају супротставити средини путем промене особина потомака, како би бар неки од њих били дорасли новим условима и изазовима. Иако је брзо и лако, бесполно размножавање дође као играње на исту генетску карту. Кад је игра лака – као кад хране има у изобиљу – ова стратегија се исплати. Међутим, кад се игра заоштри, играње на једну карту постаје чист хазард, па је тада паметније улагати на више страна. Животиње које се периодично враћају полном размножавању обезбеђују опстанак тако што се размножавају великом брзином и уводе промене генетских особина кад околности то захтевају.

Људи и већина виших облика живота немају такве могућности. У животиња које се репродукују као и ми, полни процес, који подразумева добровољно спаривање, неодвојив је од размножавања. Секс је, дакле, постао неизбежан. Кад су, пре милијарду година, примитивни микроби развили секс, он није имао везе са стварањем потомства. У ствари, резултат парења је често био обрнут. Припијајући се једно уз друго, микроби су само размењивали ћелијски материјал и делили се, или се чак стапали у једну јединку. Ова техника много више личи на једење једног организма од стране другог него на вођење љубави: сматра се да је микробски секс настао из њиховог обичаја да прождиру друге микробе, при чему је ДНК жртве прелазила у ћелију грабљивице. Међутим, ојачани варијацијама које је створио секс, гени су створили другачији животни поредак. У моду су ушли сложени организми који се састоје од милиона или чак милијарди ћелија. Проста деоба на две ћелије више није вршила посао. Стога су у генеративне органе уграђене специјализоване полне ћелије, те је секс постао синоним за репродукцију. Међутим, чак и у људском роду повремено избије на површину вегетативни облик размножавања – кад се жене близне. У Великој Британији, на сваких деведесет порођаја роди се по један пар близанаца, од којих је 25 посто идентичних, једнојајчаних. У том погледу је оклопник армадиљо и те како узнапредовао и подигао полиембрионију на висок ниво, јер женка редовно рађа идентичне шесторке, из само једног оплођеног јајета.

Репродуктивни секс је довео до специјализованих мужјака и женки, за разлику од једноћелијских организама, у којих нема полне разлике. У виших животиња, полови имају посебне улоге. Грађа женки сисара прилагођена је потребама њихових младунаца. Зашто би, иначе, биле опремљене за производњу млека и дојење? С друге стране, мужјаци се више баве одбраном територије и права на парење, па су се за то и специјализовали. Ако уопште имају однос са својим младунцима, он је најчешће површан. Разлика у улози полова одражава се и на стратегије парења.

Мора се признати да су мужјаци углавном склонији промискуитету од женки. Ово није мушки шовинизам, већ емпиричка чињеница коју су утврдили природњаци, а и социолози који прикупљају податке о љубавном животу мушкараца и жена. Пошто је ова појава толико распрострањена, морамо се запитати какву корист мужјаци имају од тога што не пропуштају ниједну прилику за спаривање и зашто женке немају подједнаку корист од промискуитетног понашања. Одговор лежи у самој природи процеса размножавања и у тиранији гена.

Животиња не живи због себе. А и како би, кад је тело смртно? Не живи ни да би производила потомство, јер је и оно смртно. Само гени су бесмртни и само они обезбеђују продужетак врсте. Испада да је, у коначној анализи, јединка само пролазни преносилац скупа гена програмираних да производе своје копије. Семјуел Батлер је био у праву кад је рекао да је кокошка само начин на који једно јаје производи друго. Савремена верзија ове изјаве била би да је организам само начин на који ДНК производи још ДНК! Циљ животиње која се размножава јесте да унесе што више својих гена у наредни нараштај, на рачун својих супарника, а природна селекција прихвата све технике које томе доприносе. Неке врсте су се определиле за масовну производњу ради размножавања, као што су остриге и многе рибе, које бацају икру и производе милионе млађи, у нади да ће бар неколико успети да одрасте. Друге, као што су људи, улажу знатан родитељски труд у одгајање релативно малобројних потомака, од којих сваки има велику шансу за опстанак. И у једном и у другом случају, за утрку гена потребни су мужјаци и женке.

Расплодни учинак женке ограничен је бројем јаја која производи. Обично је довољно једно или два спаривања да би се јаја оплодила, а њене даље сексуалне везе не повећавају јој продуктивност. После успешног осемењавања, женка обично није више заинтересована за секс. Мужјак је, међутим, потпуно другачији. Што више женки осемени, то је веће његово генетско улагање у будућност: свака женка коју оплоди изродиће младунце који ће носити његове гене. Због хитности парења, мужјаци се увек међусобно такмиче, настојећи да придобију наклоност супротног пола, у чему су неки неизбежно успешнији од других. Ово је кључ за разумевање процеса полне селекције, која је заслужна за гиздаво рухо мужјака рајске птице, рогове мужјака јеленка, или огроман стас мужјака црвеног кенгура. Све ово помаже мужјацима да постигну првенство у парењу. Успешност доминантних мужјака види се на примеру пустињских тетреба Северне Америке. У фебруару и марту, на заједничким „шепурилиштима" (стручни назив је *лек*), окупи се и до 400 петлова. Накинђурени за ову посебну прилику, они шеткају тамо-амо, раширених и надигнутих бодљастих репова, са величанственом гривом од белог перја и надуваним жутим подгушњацима, који им штрче као пар испршених дојки. Приказујући се у пуном сјају, петлови се, уствари, отимају о најбоље „парцеле", које се налазе у средишту *лека*, јер ту коке, које су мање и неупадљивије од петлова, долазе на парење. Од неколико стотина петлова који усрдно нуде своје услуге, њих десетак посто обави преко 75 посто свих парења. Полигинија је у природи прилично распрострањен облик спаривања, чак и међу људима. Проучавање једног јужноамеричког индијанског племена показало је да су двојица поглавица очеви једне четвртине свих становника свога села. Одувек су се богати, моћни и угледни мушкарци навелико упуштали у полигамију или набијање рогова, или у обоје. Можда је, у ствари, у женином интересу да се пари са друштвено најпожељнијим мушкарцима, као што су поглавице, краљеви, поп-идоли или фудбалске звезде.

Хришћанска друштва дозвољавају само брачни секс и намећу моногамни брак као правило, ако не и као праксу. Иако цивилизација делимично представља тријумф префињености над сировом страшћу, људски род још увек носи наслеђе биолошких нагона из своје дивље прошлости, а њих се не можемо отрести, као што не можемо изгубити рудиментарне мале прсте на ногама. Профинили смо сексуалну везу додајући јој љубав, поштовање према партнеру и настојање на сексуалној верности, али се, у суштини, наши гени боре за бесмртност, те нам усмеравају мисли и полне органе у различитим правцима. Чињенице говоре саме за себе. Није лако одржати моногамију. У то су се уверила небројена друштва, која свечано плету око парова мреже законских и верских веза да би што више отежала коначно укидање моногамије. Чак је и краљ Хенри VIII морао да у својој земљи узурпира папину власт како би поништио свој први брак. Данас је развод много лакши, а понегде, као у Калифорнији, узастопне моногамије су постале најнормалнија ствар: број склопљених бракова изједначио се са бројем развода.

Строги закони парења одувек су били у мужевљевом интересу. Ово се види из двојаког морала, према ком се женско неверство сурово кажњава. Са његовог гледишта, прељубница је починила ужасан биолошки злочин. Спаривањем са другим, она ризикује да затрудни, па би њен муж улагао труд у одгајање туђег детета, а према правилима игре, то је чисто губљење времена и средстава.

Чак и лепе северноамеричке плаве стрнадице гледају попреко на женско неверство – или на ризик од њега. Плаве стрнадице се удружују у парове неколико дана пре спаривања. Ако, пре него што се спарио са женком, мужјак затекне другог мужјака на својој територији, отераће не само уљеза, него и женку којој се дотле жудно удварао. Међутим, ако се већ спарио, неће је отерати, без обзира на то колико мужјака је упало на његову територију. Разлог је јасан. У првом случају, мужјак не сме ризиковати да је други потајно осемени, а да он страћи цело пролеће подижући туђу копилад. У другом случају, пошто се већ спарио и тиме обезбедио свој улог, задржаће женку.

Разумљива је и релативна попустљивост према промискуитету мушкарца, јер му он увећава расплодну моћ. Иако се мушкарцу исплати да својој жени, или женама, помаже у подизању деце, у његовој је природи да не пропушта прилику за парење ван брака. Уколико се муж врати и издржава породицу, најбоља стратегија његове жене јесте да се помири, уместо ризиковања да је муж заувек напусти. Оваква размишљања су до недавно имала пресудну улогу.

Међутим, данас смо сексуалну везу пренели у сасвим другачију област. У данашњем пренасељеном свету, западни брак је мање него икада у историји човечанства повезан са подизањем деце. Штавише, превише младих парова, нарочито у САД, прибојава се родитељства, па се рађа све мање деце. Према њима, вођење љубави треба само да пружа задовољство и да одржава везу између партнера. Жалосно је што толико много људи погрешно схвата секс. Наш полни живот је ослобођен биолошке потребе да се праве деца, али ипак, већину нас спутава свест, па никад нисмо сигурни докле смемо ићи и да ли да се предамо тајним и потиснутим поривима. Условљавање свести има моћну улогу у нашој сексуалној реакцији, која је, углавном, онаква какву очекујемо. Очигледан израз овога јесте фригидност викторијанских дама. Њих су убедили да је полни однос простачка и шкодљива дужност, коју треба да обављају искључиво да би угодиле мужу. Ниједна добро одгојена дама није смела да покаже ни најмањи наговештај задовољства док јој муж петља испод чипкане спаваћице и завлачи јој се међу бутине. Тадашњим дамама је налагано да за време полног односа стегну зубе и мисле на Бога и Државу. Пошто су им главе биле напуњене таквим накарадним схватањима, врло мало их је успевало да се довољно опусти да би редовно имало какав-такав оргазам. Жене које су одгојене у мање инхибираним друштвима и научене да су сензуалност и сексуалност корисне ретко имају сметње за постизање оргазма.

Били они потискивани или подстицани, наши нагони потичу из прошлости, уствари из наше сексуалне везе. Ово завиривање у технике парења открива нам да је природа помало налик на љубавницу дивно покварене маште, која смишља свакојаке сексуалне вештине за излуђивање својих клијената. Оне су намењене насладе и уживању, јер пријатност секса је награда коју је природа подарила свим животињама, како би их подстакла да се паре. Сексуалне активности човека су можда најшароликије од свих животињских врста. Наравоученије сексуалне везе јесте да „нормално" не постоји, или да је, у најмању руку, готово све нормално – како за кога! Дакле, поразмислите о начинима парења. Под условом да не увредите партнера, радите све што вам прија.

* * *

У животној игри, секс је мађионичар који жонглира хромозомима, меша генетски шпил карата и дели нову, понекад добитну руку новом кругу играча. Секс убрзава еволуцију, јер увећава учесталост промена и тиме јача шансе животиње која ствара посебно обдарено потомство да победи у утакмици са остатком свог нараштаја. Стога сексуална машина има коначну одговорност за богатство живота на Земљи, биле то блештаве боје пауновог репа, величанствен изглед старог храста или отменост Моцартове симфоније. Да није сексуалне везе, можда се живот још увек не би измигољио из исконског муља.

ЗАВРШНА РЕЧ

Ову књигу сам наменио поглавито, али не искључиво, читаоцима који нису упознати са животом животиња. Као и сви „популарни" прегледи, и овај је заснован на труду великог броја људи. Морао сам да прелистам невероватно много књига и чланака расутих широм озбиљне научне литературе. Премного их је да бих их све навео, али морам признати да би ми, без марљивог истраживања од стране њихових аутора, било много теже, ако не и немогуће, да напишем *Сексуалну везу*. Разуме се, преузимам пуну одговорност за начин на који сам представио њихова открића, као и за аналогије које сам из њих извео.

Док сам писао ову књигу, ни у једном тренутку ми нису недостајали савети – од врло скаредних до разумних и темељитих. У разлучивању шта је шта и колико чега да прихватим, драгоцену помоћ су ми пружили моји издавачи, Дејвид и Памела Томас. Много ми је помогла и Сара Клементс, која је вешто дешифровала и жестоко критиковала моје нечитке рукописе и која се тако необуздано смејала док их је прекуцавала, да ми је то представљало огромно охрабрење.

И на крају, захвалан сам за дуготрајну трпељивост својој породици, пријатељима и колегама, које сам одушевљено обасипао бесконачним причама о необичном и бизарном. Чини ми се да и сада чујем бректање мужјака циновске корњаче у шумарку гранатог кактуса док, са гмизавачком истрајношћу, води љубав на жарком екваторијалном сунцу. Секс је неизбежан!

Џон Спаркс
Санта Круз, Галапагос   Фебруар 1977.

ИНДЕКС

CIP – Каталогизација у публикацији
Народна библиотека Србије, Београд

591.512

ЏОН, Спаркс

    Сексуална веза : парење на дивљи начин / Џон Спаркс ; [с енглеског
превео Бранко Петровић]. – Београд : Рад, 2001 (Лазаревац : Елвод-принт).
– VIII, 191 стр. : илустр. ; 18 cm. – (Библиотека Склад)

Превод дела: The Sexual Connection / John Sparks. – Стр. VII–VIII: Предго-
вор српском издању / Војислав Васић. – Регистар.

ISBN 86-09-00693-X

а) Животиње – Сексуални живот

ИД=88522508